रीतिका खेड़ा

रीतिका खेड़ा आई.आई.एम., अहमदाबाद में इकॉनॉमिक्स और पब्लिक सिस्टम ग्रुप की सहायक प्रोफेसर के तौर पर कार्यरत हैं। रीतिका ने दिल्ली स्कूल ऑफ इकॉनॉमिक्स से पीएच.डी. की है और वे सात वर्षों तक आई.आई.टी., दिल्ली में अध्यापन कर चुकी हैं जिसके बाद उन्होंने बतौर सहायक प्रोफेसर आई.आई.एम. अहमदाबाद में अध्यापन प्रारम्भ किया। रीतिका के शोधकार्य ने भारत की अनेक सरकारी नीतियों के इर्द-गिर्द सार्थक बहस को जन्म दिया। रीतिका के लेख लम्बे समय से अनेक विधाओं में छपते रहे हैं और वे भारत में सरकारी नीतियों को लोगों के बीच बातचीत का हिस्सा बनाने में लगातार कार्यरत हैं।

श्रीमन्नारायण से लेकर ज्यां द्रेज़ तक इस देश में संत अर्थशास्त्रियों की परम्परा की अगली कड़ी हैं रीतिका खेड़ा। इस पुस्तक में संकलित लेखों में आधार योजना की समीक्षा के बहाने रीतिका हमारी अर्थव्यवस्था की आधारभूत सचाई से साक्षात्कार करती हैं, बिना तकनीक की चकाचौंध का शिकार हुए, बिना आँकड़ों और प्रमाण-पद्धति से समझौता किए। उनकी दृष्टि अर्थशास्त्र को सत्ता के गलियारों और सेंसेक्स के ग्राफ़ से दूर झारखंड के गाँव में जी रहे अन्तिम व्यक्ति के सुख-दुःख से जोड़ती है।

—योगेन्द्र यादव

आधार पर रीतिका खेड़ा की व्यावहारिक पुस्तक आधार की उपयोगिता के रूप में हमारे मन से कई शंकाओं को दूर करती है। उन्होंने पुस्तक में सरल व सुबोध भाषा का उपयोग कर हमें सम्पूर्ण आधार परियोजना में संलिप्त वास्तविक ख़तरों से अवगत कराया है। आधार मानव गरिमा की धारणा का खंडन करता है और मनुष्यों को संख्या मात्र में सीमित कर देता है। विश्व में कई देश आज इस तथ्य की सराहना कर रहे हैं कि ऐसी परियोजना नागरिकों के मुक़ाबले राष्ट्र के लिए अधिक कारगर है। यह पुस्तक उस हर व्यक्ति को पढ़नी चाहिए जो खानपान, जीवन गोपनीयता के अधिकार के प्रति आधार के प्रतिकूल प्रभाव की समझ रखने में रुचि लेता है।

—फैज़ान मुस्तफा

(वाइस चांसलर, नेशनल अकादमी ऑफ़ लीगल स्टडीज़ एंड रिसर्च, हैदराबाद)

लेखिका लोक नीति पर उचित प्रश्नवाचक चिह्न लगाने की मंशा रखती हैं। आधार इस समय का सबसे बहुचर्चित नीतिगत हस्तक्षेप है। इस नीति की उलझनों को वह बख़ूबी बयान करती हैं, विशेष रूप से जनहित में किस तरह 'आधार' अवरोध पैदा कर सकता है। रीतिका के प्रश्न चिन्तन के बिन्दु हैं एवं निर्भीक हैं।

—डॉ. मनीषा प्रियम

(नेशनल इंस्टिट्यूट ऑफ़ एजुकेशनल पॉलिसी एंड एडमिनिस्ट्रेशन, नई दिल्ली)

आधार से किसका उद्धार?

सम्पादक

रीतिका खेड़ा

ISBN : 978-93-88933-50-6

मूल्य : ₹125

पहला संस्करण : अगस्त, 2019

राजकमल प्रकाशन का एक उपक्रम

प्रकाशक
राजकमल प्रकाशन प्रा. लि.
1-बी, नेताजी सुभाष मार्ग, दरियागंज
नई दिल्ली-110 002

शाखाएँ
अशोक राजपथ, साइंस कॉलेज के सामने, पटना-800 006
पहली मंजिल, दरबारी बिल्डिंग, महात्मा गांधी मार्ग, इलाहाबाद-211 001
36 ए, शेक्सपियर सरणी, कोलकाता-700 017

वेबसाइट : www.rajkamalprakashan.com
ई-मेल : info@rajkamalprakashan.com

मुद्रक
बी.के. ऑफसेट
नवीन शाहदरा, दिल्ली-110 032

AADHAR SE KISKA UDDHAR
by Reetika Khera

क्रम

प्रस्तावना

कोई रोके-टोके नहीं, असहमति न जताए—आधार परियोजना को शुरुआत से यही सोचकर बनाया गया था। योजना आयोग की एक मुँह बन्द रखने वाली इकाई से आधार-परियोजना का आरम्भ हुआ, वह भी बिना किसी क़ानूनी फ्रेमवर्क के। दावा किया गया कि आधार स्वैच्छिक है। जो लोग नागरिक अधिकारों का सम्मान करते हैं, उनका विरोध इस दावे के आगे ठंडा पड़ गया। भ्रष्टाचार को जड़ से मिटा फेंकने की आधार की ताक़त के बारे में जो बढ़-चढ़कर दावे किए गए उसकी बाढ़ में नौकरशाह और नीति-निर्माता सभी बह निकले। शुरुआती सालों में इस बात का ध्यान रखा गया था कि आधार सुविधासम्पन्न वर्गों के लिए परेशानी की वजह न बने। आधार के सहारे चलने वाले 'एप्लीकेशंस' आने वाले वक़्त में मोटा मुनाफा दिलाएँगे—ऐसा कहकर कॉरपोरेट जगत, ख़ासकर सॉफ्टवेयर उद्योग की हिमायत हासिल कर ली गई। कॉरपोरेट जगत के साथ आ जाने के बाद कॉरपोरेटी हितों की तलबगार मीडिया ने भी आधार की तरफ़दारी में अपना ज़ोर लगाया। मुख्यधारा की मीडिया में छूटे-फटके आधार को लेकर आलोचनात्मक स्वर में अगर कोई लेख छपा भी तो आधार के हिमायती उसकी काट के लिए झुंड के झुंड टूट पड़े।

शुरुआती दिनों में बहुत कम लोगों ने आधार परियोजना की मुख़ालफ़त की और इन थोड़े से लोगों को 'लाल बुझक्कड़' कहकर दरकिनार कर दिया गया। लेकिन मंजर धीरे-धीरे बदला। आधार के पक्ष में प्रचार तो

धुआँधार किया जा रहा था लेकिन इस प्रचार के बावजूद सबूत मिलने लगे कि ग़रीब जन को आधार के कारण बड़ी परेशानियों का सामना करना पड़ रहा है। स्पष्ट हो गया कि आधार-परियोजना चाहे और कुछ भी हो लेकिन स्वैच्छिक तो हरगिज़ नहीं है : ग़रीब जन को साफ़ शब्दों में बता दिया गया कि आधार लेना ज़रूरी है क्योंकि बिना आधार के जल्दी ही जीवन जी पाना नामुमकिन हो जाएगा। दरअसल, आधार को सबसे पहले राष्ट्रीय ग्रामीण रोज़गार गारंटी अधिनियम (नरेगा) और जन वितरण प्रणाली (पीडीएस) पर लागू किया गया जिन पर बड़ी तादाद में ग़रीब आबादी जीविका के लिए निर्भर है। मजबूरन लोग आधार पंजीकरण के केन्द्रों पर झुंड-के-झुंड उमड़ने लगे। जब आधार को सामाजिक विकास के इन कार्यक्रमों के साथ जोड़ा गया तो सामने आया कि सम्बद्ध करने की यह प्रक्रिया बहुत मुश्किल खड़ी कर रही है और इतनी सारी मुश्किलों के बारे में तो पहले सोचा ही नहीं गया था—अपवर्जन की समस्या आन खड़ी हुई, लोग सामाजिक विकास के कार्यक्रमों से बाहर होने लगे। जैसे-जैसे ज़्यादा से ज़्यादा सेवा-सुविधाओं के साथ आधार होने की शर्त जोड़ी गई—अपवर्जन की समस्या और भी विकराल होती गई। लगातार यह बात साफ़ होती चली गई कि आधार अधिसंख्य लोगों के लिए वास्तविक अर्थों में अनिवार्य बन गया है और इस अहसास से भी लोगों में आधार को लेकर बेचैनी बढ़ी।

इसके बाद सरकार ने अपना क़दम बढ़ाते हुए मोबाइल कनेक्शन, बैंक खाते तथा पैन कार्ड के लिए आधार को अनिवार्य बना दिया। मध्यवर्ग के लिए यह 'ज़ोर का झटका धीरे से' की तर्ज पर था। खामखयाली ही सही लेकिन अब तक एक भ्रम बना चला आ रहा था कि आधार स्वैच्छिक है लेकिन सरकार के इस क़दम के बाद यह भ्रम भी सारे लोगों के मन से एकबारगी दूर हो गया। जो लोग अपनी निजता की सुरक्षा का खयाल कर या फिर किसी और कारण से आधार अपनाने को तैयार न थे, वे नाराज़ हो गए और ऐसे कुछ लोगों ने आधार-परियोजना का विरोध करना शुरू कर दिया। एक बात और हुई—मध्यवर्ग को आधार से लिंक करने तथा बायोमैट्रिक्स के ज़रिए सत्यापन कराने में आने वाली परेशानियों का प्रत्यक्ष

अहसास हुआ। मध्यवर्ग के कुछ लोगों के पेंशन खाते के आधार से न लिंक होने के कारण रुक गए तो कई लोगों की रसोई गैस की सब्सिडी बैंक खाते में न जाकर नामुराद एयरटेल वैलेट में चली गई। ऐसे मंजर में आख़िरकार, आधार को लेकर एक गम्भीर बहस छिड़ी।

जैसे ही मध्यवर्गीय तबका आधार से जुड़ी परेशानियों की चौहद्दी में आया, निगरानी और निजता में सेंधमारी सरीखे जो सरोकार अब तक उपेक्षा के शिकार थे, व्यापक मुद्दा बनकर उभरने लगे। दुनिया के अन्य हिस्सों में भी ऐसी ही चिन्ताएँ उभार ले रही थीं। एडवर्ड स्नोडेन तथा अन्य लोगों के खुलासे से यह बात ज़ाहिर हो चली थी कि हम सब निगरानी के एक विकट जाल में फँसते जा रहे हैं। माना जा रहा था कि आधार से जुड़े गोपनीय डाटा सुरक्षित हैं लेकिन ऐसे डाटा का लीक्स भी सामने आया और आधार को लेकर चिन्ताओं का दायरा बढ़ता चला गया।

बढ़ते विरोध से आधार के हिमायतियों के चैन में खलल पड़ा, उनके युद्ध-रथ भारतीय विशिष्ट पहचान प्राधिकरण (यूआईडीएआई) के चक्के जाम होते जान पड़े। ऐसे में आधार का प्रचार-तंत्र पूरे ज़ोर-शोर चला—आधार के सहारे सरकारी धन की हो रही तथाकथित बचत के ऐसे बढ़े-चढ़े आँकड़े पेश किए गए कि उसके आगे सफ़ेद झूठ भी शरमा जाए। आधार को लेकर विरोध की भड़कती आग पर पानी डालने के लिए व्हिसलब्लोअर्स की जुबान पर ताले जड़ने की कोशिशें हुईं। प्रौद्योगिकी के जिन माहिरों तथा पत्रकारों ने आधार के डाटा लीक्स की सम्भावना तथा अन्य कमज़ोरियों की तरफ़ ध्यान दिलाने की कोशिश की, उन्हें निशाना बनाया गया—उन पर एफआईआर तक दर्ज हुए। ऐसे अन्य लोगों के ख़िलाफ़ सोशल मीडिया पर दुष्भावना से भरा अभियान चला। ऐसे एक अभियान की अगुआई तो आधार के पक्षपाती खेमे से जुड़े सॉफ्टवेयर उद्योग की एक जानी-मानी हस्ती ने की थी।

आधार को लेकर सुप्रीम कोर्ट में चलने वाली अहम सुनवाई से बहस ने और ज़ोर पकड़ा। शुरुआत में सुप्रीम कोर्ट ने आधार के अश्वमेधी रथ की गति को धीमी करने के लिए कुछ बेहतरीन पहल की। मिसाल के लिए,

साल 2014 के मार्च में अदालत ने निर्देश जारी किया कि अगर कोई व्यक्ति किसी योजना का योग्य पात्र/हक़दार है तो उसे आधार न होने की बिना पर उस योजना से वंचित नहीं किया जा सकता। आधार के स्वैच्छिक होने की बात की यह एक बड़ी सटीक व्याख्या थी। लेकिन आधार की हिमायती लॉबी ने आधार-अधिनियम के सहारे पलटवार किया। सुप्रीम कोर्ट ने आधार को लेकर जो पाबन्दियाँ आयद की थीं उन्हें दरकिनार करते हुए अधिनियम बनाकर आधार को क़ानून की नींव पर खड़ा किया गया। राज्यसभा में ज़रूरत भर का समर्थन नहीं था सो इस बाधा से उबरने के लिए आधार-अधिनियम को धन-विधेयक के जामे में पेश किया गया।

बहरहाल, बहस जारी रही और आधार की संवैधानिकता को सप्रीम कोर्ट में चुनौती दी गई। लम्बे अरसे तक चली सुनवाई के आख़िर में पाँच जजों की एक पीठ ने 2018 के सितम्बर में एक विभाजित फ़ैसला सुनाया। अदालत ने अपने बहुमत वाले फ़ैसले में अधिनियम को कई संशोधनों के दायरे में रखते हुए संवैधानिक करार दिया। जस्टिस डी. वाय. चन्द्रचूड़ ने बहुमत की राय से असहमति जताते हुए अपने फ़ैसले में तर्क दिया कि "संविधान की कसौटी पर पूरी आधार परियोजना साल 2009 से ही कई दोषों का शिकार रही है और परियोजना में मौलिक अधिकारों का उल्लंघन हुआ है।"

लेकिन उम्मीद बाक़ी है, कहानी अभी ख़त्म नहीं हुई है। इस बीच, आधार को लेकर माहौल सरगर्म हुआ है—विरोध के स्वर तेज़ हुए हैं तो नई राहें भी खुली हैं। आशा की एक किरण तो यही है कि निजता के अधिकार की एक मौलिक अधिकार के रूप में बेहतर समझ बनी है (सरकार ने शुरुआती तौर पर अदालत में निजता के अधिकार को मौलिक अधिकार मानने में आनाकानी की थी) और इसी की नज़ीर है जो सुप्रीम कोर्ट ने भारतीय दंड संहिता की धारा 377 को निरस्त कर दिया। आधार को लेकर जारी बहस से आधार परियोजना के सभी पहलुओं की समझ व्यापक हुई है।

आधार की हिमायत में चलती धारा का रुख मोड़ने (मतलब, आधार के पक्ष में हो रहे प्रचार की पोल खोलने और मुद्दे पर गम्भीर विचार-विमर्श को शुरू करने) का ज़्यादातर श्रेय कई विद्वानों, कार्यकर्ताओं, वकीलों,

पत्रकारों, प्रौद्योगिकी के माहिरों और अन्य लोगों को जाता है जिन्होंने इस मसले पर जनता का ध्यान खींचने के लिए कड़ी मशक़्क़त की है। इस मामले में रीतिका खेड़ा का नाम विशेष रूप से उल्लेखनीय है। इस विषय पर जिस दृढ़ता और निरन्तरता के साथ अन्तर्दृष्टिपूर्ण लेखन या सम्भाषण रीतिका खेड़ा ने किया है वैसा बहुत कम विद्वानों ने किया है। इस विचारोत्तेजक पुस्तक में उनके कुछ बेहतरीन लेखों का संकलन किया गया है—लेखों को पढ़ने पर आप ख़ुद ही महसूस करेंगे कि आपने एक संग्रहणीय पुस्तक हाथ में उठाई है!

—ज्याँ द्रेज़

भूमिका

साल 2010 से आज के दिन तक, मुझे अपने शोध के सिलसिले में दर्जनों ऐसे लोग मिले हैं जिनकी ज़िन्दगी आधार की वजह से बुरी तरह से प्रभावित हुई है।

कहीं बूढ़े लोग, बैंक खाता खुलवाने के लिए ठोकर खाते मिले, कहीं राशन न मिलने से परिवार परेशान थे तो कहीं आधार बनवाना ही लोगों के लिए नामुमकिन हो गया था। ये वही लोग हैं जिनके नाम पर सरकार ने 2009 में आधार प्रोजेक्ट शुरू किया था, जो आज दर-दर भटक रहे हैं क्योंकि उनको सरकार से मिलने वाले लाभ—चाहे वह पेंशन हो, या राशन, या वज़ीफ़ा—आधार से जुड़े कारणों से रुक गया है। कहीं आधार नहीं बन रहा, कहीं आधार कार्ड में त्रुटियाँ हैं, कहीं बैंक में दिक़्क़त आ रही है तो कहीं मशीनें उँगलियों के निशान नहीं पहचान रहीं।

ये सब दिक़्क़तें शुरू से ही दिखने लगी थी। 2010 में राँची (झारखंड) के रातु प्रखंड में हमें एक बुज़ुर्ग मिले। किसी आधार-पीड़ित व्यक्ति से यह हमारी पहली भेंट थी। उन्हें बताया गया था कि पेंशन जारी रखने के लिए अब उन्हें बैंक में खाता खुलवाना ज़रूरी है; पेंशन आगे से पोस्ट ऑफिस खाते में नहीं आएगी, बल्कि आधार से जुड़े बैंक खाते में ही आएगी। जब वे बैंक खाता खुलवाने ग्राम पंचायत गए, उनके गाँव के मददगार 'बैंकिंग कॉरेस्पॉन्डेंट' को उन्हें वापस लौटाना पड़ा क्योंकि वे एक दस्तावेज़ नहीं लाए थे। कुछ देर ब़ाद, वही बुज़ुर्ग हमें ग्राम पंचायत के पास सड़क के

किनारे बैठे मिले। उनका घर पास ही में था लेकिन जब हमने पूछा कि आप इस तरह सड़क पर क्यों बैठे हैं, तो उन्होंने बताया कि 'थक गया हूँ।'

इस घटना के तीन साल बाद, 2013 में, मुझे आन्ध्र प्रदेश के पूर्वी गोदावरी ज़िले में ज्योति मिलीं—जुड़वाँ बच्चों की एक दलित माँ जो लोगों के घरेलू कामकाज में हाथ बँटाकर अपना घर चलाती हैं। पूर्वी गोदावरी जिला जन वितरण प्रणाली में आधार के इस्तेमाल के एतबार से सबसे पहला ज़िला था। जब से यहाँ आधार का इस्तेमाल शुरू हुआ, ज्योति को जन वितरण प्रणाली की दुकान से अपने हिस्से का सस्ता अनाज मिलना बन्द हो गया। ऐसा क्यों हो रहा है उन्हें कोई समझा नहीं पा रहा था—अपने हालात को बयाँ करते-करते ज्योति रो पड़ीं।

साल 2017 के दिसम्बर में, छत्तीसगढ़ के सरगुजा ज़िले में मुझे कपिल और सावित्री पैकरा मिले। कपिल एक सड़क-दुर्घटना की चपेट में आने के कारण 2009 से बिस्तर पर पड़े हैं। 2017 में राज्य सरकार ने राशन कार्ड से उनका नाम काट दिया। वजह रही कि उन्होंने अपना आधार-नम्बर जमा नहीं किया था। उनका कभी आधार में नामांकन ही नहीं हो पाया। उनकी पत्नी सावित्री ने हमसे पूछा, "क्या मैं उनको बिस्तर समेत आधार केन्द्र तक लेकर जाऊँ?"

यह तो सिर्फ़ तीन लोगों की कहानी है—न जाने ऐसे कितने लोग और होंगे जिनके नाम पर आधार योजना को चलाया जा रहा है। इन लोगों की व्यथा एक बड़ी समस्या का प्रतीक है, जिसके बारे में काफ़ी सबूत भी हैं और ये बातें सरकारी आँकड़ों में भी प्रत्यक्ष हैं। फिर भी, सरकारी दावा यही रहा है कि आधार से ग़रीबों का सशक्तीकरण हो रहा है।

आधार को, संयुक्त प्रगतिशील गठबन्धन की दूसरी सरकार (यूपीए-2) की कल्याणकारी योजना के रूप में लोगों के सामने पेश किया गया। लोगों के दिमाग़ में यह धारणा बैठने के लिए कि आधार कमज़ोर और ग़रीब जनता के लिए फ़ायदेमन्द है, इससे सरकार की कल्याणकारी योजनाओं का विस्तार होगा और उनके क्रियान्वयन में सुधार आएगा, ख़ूब सारा सरकारी धन खर्च किया गया।

आधार योजना के लागू होने के साथ इसके मकसद बदलते रहे। पहले इसे कल्याणकारी योजना के रूप में प्रस्तुत किया गया, फिर वित्तीय समावेशन (फाइनेंशियल इन्क्लूजन) की योजना के रूप में पेश किया गया। इसके बाद इसे आतंकवाद के ख़िलाफ़ और कर-वसूली के प्रशासनिक हथियार के रूप में पेश किया गया और हाल-फिलहाल इसे 'बिग डाटा' के एक अवसर के रूप में पेश किया जा रहा है। बेशक ऐसा करने से समाज के अलग-अलग तबके में इस योजना को समर्थन मिला, लेकिन साथ-ही-साथ समाज के विभिन्न हिस्सों से कठिन सवाल भी उठने लगे। किसी ने कल्याणकारी योजनाओं में आधार की भूमिका पर सवाल उठाए, किसी ने क़ानूनी और संवैधानिक प्रश्न पूछना शुरू किया तो किसी ने इसकी तकनीक पर शंका ज़ाहिर की। इसके अलावा, कई लोगों ने निजता, नागरिक स्वतंत्रता, लोगों पर सरकारी निगरानी (सर्विलांस) और इन सबके लोकतंत्र पर प्रभाव के बारे में चिन्ताएँ जताईं।

इन बातों के बावजूद मैंने ये भी देखा कि जो लोग आधार की अन्य कमज़ोरियों के बारे में लिख रहे थे वे अपनी आलोचना के आख़िर में यह भी जोड़ते थे कि आधार लोगों के लिए फ़ायदेमन्द साबित हो सकता है, सो इसकी कमियाँ दूर की जानी चाहिए। जो लोग आधार के तकनीकी पहलू पर लिख रहे थे उनकी बातों से जान पड़ता था कि वे निजता के अधिकार या नागरिक स्वतंत्रताओं के पहलू से बेख़बर हैं। माहौल कुछ ऐसा जान पड़ रहा था मानो हम अपने ही घेरे में बँधे अपनी-अपनी बात कह रहे हैं लेकिन एक-दूसरे की बात नहीं सुन पा रहे—कोई विभिन्न दायरों के बीच आपसी बातचीत नहीं हो रही।

ऐसे ही हालात में जान पड़ा कि कोई ऐसी किताब आनी चाहिए जिसमें हर प्रकार के सवाल उठाने वाले चिन्ता के अपने-अपने कोण से बातें लिखें ताकि लोगों को आधार-योजना को समग्रता से समझ पाने में सहूलियत हो। इस किताब में ऐसा ही प्रयास किया गया है। कोशिश की गई है कि सामाजिक सुरक्षा, क़ानून, तकनीक, वित्त तथा अर्थशास्त्र के कोण से आधार पर उठ रहे सवालों को संकलित किया जाए। पिछले सालों में

ज़ाहिर हो चला है कि आधार-परियोजना में प्रौद्योगिकी के झोल तो हैं ही, क़ानूनी मोर्चे पर भी झोल है और सामाजिक सुरक्षा के कार्यक्रमों में आधार को लागू करने से लोक-कल्याणकारी राजव्यवस्था में भी झोल पैदा हुई है।

आधार क्या है?

भारत सरकार ने 28 जनवरी, 2009 को एक राजपत्रीय अधिसूचना (गजट नोटिफिकेशन) के ज़रिए भारतीय विशिष्ट पहचान प्राधिकरण (यूनिक आइडेंटिफिकेशन अथॉरिटी ऑफ़ इंडिया-यूआईडीएआई) का गठन किया और योजना आयोग को इसकी नोडल एजेंसी बनाया गया। कुछ दिनों बाद 2009 में ही नन्दन नीलेकणी को यूआईडीएआई का अध्यक्ष बनाया गया। इसका मुख्य उद्‌देश्य था 'निवासी-जन के लिए यूआईडी बनाना और प्रदान करना'। यहाँ यूआईडी का अर्थ है—यूनिक आइडेंटिटी यानी विशिष्ट पहचान से है। बाद में, साल 2010 के मध्यवर्ती महीनों में यूआईडी परियोजना को 'आधार' का ब्रांड नेम दिया गया। बहुत सी भारतीय भाषाओं में आधार शब्द बुनियाद यानी नींव का पर्यायवाची है। परियोजना को लोगो भी मिला। वक़्त गुजरने के साथ ब्रांड नेम 'आधार' ही सब ओर प्रचलित हो गया। (इस किताब में आधार और यूआईडी को एक दूसरे का पर्याय मानकर बरता गया है। आधार-परियोजना संयुक्त प्रगतिशील गठबन्धन(यूपीए-2) की सबसे महत्त्वपूर्ण परियोजनाओं में शुमार हुई।

आधार के पीछे मूल विचार हर भारतवासी को एक विशिष्ट पहचान-संख्या मुहैया कराने का था। पहचान-संख्या को विशिष्ट बनाने के लिए बायोमैट्रिक सत्यापन का (और ज़रूरत के मुताबिक जनांकिक ब्योरे का भी) इस्तेमाल करने की बात कही गई। विशिष्ट पहचान संख्या यानी आधार नम्बर के लिए पंजीकरण कराने के वक़्त लोगों को अग्रलिखित जनांकिक सूचनाएँ देना ज़रूरी है : नाम, लिंग, जन्मतिथि (या उम्र), माता-पिता(या पति) का नाम, निवास का पता तथा अन्य वांछित सूचनाएँ जो सरकार हासिल करना चाहे (जाति, धर्म तथा कुछ अन्य संवेदनशील

स्वभाव की सूचनाओं को छोड़कर)। इसके अतिरिक्त पंजीकरण कराने वाले को तीन बायोमैट्रिक साक्ष्य—फ़ोटोग्राफ़, दस उँगलियों के निशान तथा दोनों आँखों की रेटिना की छाप—देने होते हैं। इन्हें यूआईडीएआई के सेंट्रल आइडेंटिटीज़ डाटा रिपॉजिटरी (सीआईडीआर) यानी केन्द्रीय तथ्यागार में संगृहीत किया जाता है। विशिष्ट पहचान-संख्या तैयार करने के लिए यूआईडीएआई एक ख़ास तरीक़े का इस्तेमाल करती है। इसमें आधार-संख्या के लिए पंजीकरण कराने वाले हर नए व्यक्ति के तथ्यों का केन्द्रीय तथ्यागार(सीआईडीआर) में अब तक मौजूद तथ्यों से मिलान करके देखा जाता है। केन्द्रीय तथ्यागार के आँकड़े उन व्यक्तियों के होते हैं जिन्हें आधार-संख्या मुहैया करा दी गई है। इस मिलान के बाद पंजीकरण कराने वाले व्यक्ति को आधार-संख्या मुहैया करा दी जाती है। मिलान करने से प्रदान की जा रही आधार-संख्या की विशिष्टता सुनिश्चित हो जाती है।

सितम्बर 2010 तक, यूआईडीएआई ने भारतीय निवासियों को आधार नम्बर जारी करना शुरू कर दिया था। एक आशंका यह दिख रही थी कि लोक-कल्याणकारी कार्यक्रमों के लिए आधार-संख्या अनिवार्य हो जाएगी दूसरे पंजीकरण का काम एक निजी एजेंसी के हाथ में सौंप दिया गया था और एजेंसी को काम के लिए सरकारी तौर पर प्रोत्साहन दिया जा रहा था। ऐसे परिवेश में आधार-संख्या के लिए नामांकन का काम तेज़ी से चल पड़ा, भले ही आधार-परियोजना के मार्गदर्शन के लिए कोई वैधानिक ढाँचा मौजूद न हो। आधार-परियोजना के लिए वैधानिक ढाँचा न होने के गम्भीर निहितार्थ हैं। वैधानिक ढाँचा होने पर इसके सहारे राज्यसत्ता के बरक्स आम जन के अधिकारों की परिभाषा की जा सकती थी (मिसाल के लिए, कोई आम नागरिक यह जानकारी माँग सकता था कि आख़िर उसकी पहचान से जुड़े आँकड़े संगृहीत क्यों किए जा रहे हैं और वह यह भी पूछ सकता था कि इन आँकड़ों के दुरुपयोग की स्थिति में वह क्या करे)। साल 2015 तक 8 करोड़ से ज़्यादा भारतवासी डाटाबेस में नामांकित किए जा चुके थे।

बहरहाल, 2012 से कई सरोकारी नागरिकों ने जनहित याचिकाओं के

सहारे मसले पर अदालत का दरवाज़ा खटखटाना शुरू कर दिया। साल 2013 के सितम्बर माह से 2015 के अक्टूबर माह के दरम्यान सुप्रीम कोर्ट ने ऐसे छह अन्तरिम आदेश दिए जिनमें कहा गया कि किसी भी योजना के लिए आधार-संख्या को अनिवार्य न बनाएँ। दुर्भाग्य की बात यह रही कि कोर्ट के 2015 (अगस्त तथा अक्टूबर) के आदेश में छह योजनाओं में आधार-संख्या के स्वैच्छिक उपयोग की अनुमति दी गई थी। लेकिन सरकार ने अदालत के आदेश की व्याख्या कुछ यों की मानो उसमें आधार को उन योजनाओं के लिए अनिवार्य बनाने की बात कही गई हो। आधार-परियोजना को व्यापक तौर पर सात साल तक चला लेने के बाद भारत की सरकार ने 2016 के मार्च माह में एक आधार अधिनियम पारित किया।

शुरुआत में आधार को हर निवासी के लिए स्वैच्छिक सुविधा के रूप में पेश किया गया था। यूपीए-2 के शासन के वक़्त आधार के उपयोग में ख़ूब तेज़ी से विस्तार हुआ लेकिन यह इस्तेमाल कमोबेश लोक-कल्याणकारी कार्यक्रमों तक सीमित था। साल 2016 में आधार अधिनियम के पारित होने के साथ इस परिदृश्य में एक नाटकीय बदलाव आया। अधिनियम के पारित होने के बाद से आधार को कई सेवाओं के लिए अनिवार्य कर दिया गया है। मिसाल के लिए, प्रसव-वेदना से छटपटाती स्त्रियों को अस्पताल में दाख़िला नहीं मिला क्योंकि उसके पास आधार-संख्या नहीं थी और इस स्थिति में प्रसव अस्पताल की सीढ़ियों पर हुआ। आधार परियोजना की शुरुआत पहचान-पत्र की स्वैच्छिक सुविधा के रूप में हुई थी लेकिन यही सुविधा धीरे-धीरे अनिवार्य बन गई और अब खतरा यह है कि कहीं कुछ कार्यों के लिए सिर्फ़ आधार-संख्या ही एकमात्र पहचान-पत्र न बन जाए। अनिवार्य आधार, स्वैच्छिक आधार से एकदम ही अलग चीज़ है।

आधार क्यों ?

आधार परियोजना के मुख्य कर्ता-धर्ता नन्दन नीलेकणी के एक शुरुआती परिचय में उनके बारे में कुछ यों लिखा मिलता है :

> ''उन्हें बड़ा काबिल सेल्समैन माना जाता है लेकिन वे बड़े आहिस्ते से चीज़ों को बेचते हैं, कुछ यों कि अगर आप उनके उत्पाद के फ़ायदों के बारे में पूछना एक बोझ सरीखा जान पड़ता है।'' (पार्कर, 2011)

आधार को सही ठहराने के मकसद से बुने गए ढेर सारे कथानकों को ऊपर की इन पंक्तियों के सहारे समझा जा सकता है। शायद अलग-अलग लोगों के लिए आधार के गुण अलग-अलग गिनाना एक रणनीति थी ताकि इसकी तरफ़ ज़्यादा से ज़्यादा लोगों को लुभाया जा सके। ऐसी कुछ बातें नीचे लिखी जा रही हैं।

लोक-कल्याण का मुखौटा

आधार-संख्या अपनाने के बाबत एक ज़बर्दस्त कहानी यह परोसी गई कि इसके ज़रिए लोक-कल्याण के कामों में सुभीता होगा। आधार के प्रचारकों ने भारतीय नागरिकों से कहा कि आपको एक विशिष्ट पहचान संख्या मिलेगी और देश की आर्थिकी में आपका समावेशन हो सकेगा। शुरुआती तौर पर मीडिया में (राष्ट्रीय और अन्तरराष्ट्रीय प्रेस में) भी यही बात सबसे ज़्यादा उछली की आधार के भीतर बदलाव लाने की ताक़त है। दावा किया गया कि आधार-नम्बर होने से देश की अर्थव्यवस्था के भीतर किसी व्यक्ति का समावेशन सुनिश्चित होगा। यूआईडीएआई ने कहानी परोसी कि सामाजिक कल्याण की योजनाओं के लाभार्थी के रूप में आपको हर तरफ़ अभी 'फर्ज़ी' लाभार्थियों की भरमार मिलती है और एक केन्द्रीकृत डाटाबेस बनाकर उससे जुड़े सभी व्यक्तियों को एक विशिष्ट पहचान संख्या दे दी जाती है तो फिर लाभार्थियों के नाम-पहचान में होने वाले फर्जीवाड़े से छुटकारा मिल जाएगा। 'समावेशन और भ्रष्टाचार मुक्त क्रियान्वयन' को सुनिश्चित करने के कारण आधार भारत की लोक-कल्याणकारी योजनाओं के लिए एक तरह से तुरुप का पत्ता साबित होगा।

इसके अलावा, सामाजिक कल्याण-कार्यक्रमों के लचर प्रदर्शन से

निराश कुछ लोगों को यह भी लगा कि लोगों को सेवा और सामान मुहैया कराने की जगह अगर नकदी देने का रास्ता अपनाया जाता है तो इसमें आधार सहायक होगा। ऐसे लोगों को लग रहा था कि सामाजिक कल्याण की विविध योजनाओं में अभी जो सेवा और सामान मुहैया कराने का तरीक़ा अपनाया जा रहा है वह उसकी तुलना में नकदी देने का विकल्प कहीं ज़्यादा कारगर है क्योंकि उसमें भ्रष्टाचार की गुंजाइश कम है। सार्वजनिक वितरण प्रणाली यानी पीडीएस के ज़रिए लोगों को अनुदानित मूल्य पर अनाज देना या फिर स्कूलों और आँगनबाड़ियों में बच्चों को निःशुल्क भोजन प्रदान करना भारत में लोक-कल्याणकारी कार्यक्रमों के अन्तर्गत लाभकर सामान मुहैया कराने के उदाहरण हैं, साथ ही सामाजिक सुरक्षा पेंशन योजना भी चलती है जो सीधे नकदी प्रदान करने का उदाहरण है। यह तो नहीं कह सकते कि यूआईडीएआई ने सामाजिक कल्याण की योजनाओं में लोगों को सामान की जगह नकदी देने की बात की सीधे-सीधे वकालत की थी लेकिन शुरुआती तौर पर लोक-कल्याण से सम्बन्धित जो दावे किए गए उनमें तथा नन्दन नीलेकणी की 2010 की पुस्तक (इमैजिनिंग इंडिया) में ऐसी बातों की एक झलक मिल जाती है। मिसाल के लिए, इंटरऑपरेबिलिटी और पोर्टेबिलिटी (जैसे यह कि समाज कल्याण की योजनाओं का लाभ कहीं भी रहते हुए उठाया जा सके जो कि अप्रवासी जन के लिए बहुत अहम है) की बात कही गई जो आधार के सहारे खड़ा किए गए संवाद-संचार के ढाँचे में ही मुमकिन है। दावा किया गया कि आधार बिचौलियों को ख़त्म कर देगा और इस तरह भ्रष्टाचार भी ख़त्म हो जाएगा।

क्या भविष्य की राह डिजिटल आईडी से खुलती है?

अन्तरराष्ट्रीय स्तर पर, आर्थिक वृद्धि और विकास के एतबार से डिजिटल आईडी की भूमिका पर हाल के वर्षों में काफ़ी ज़ोर दिया जा रहा है। उदाहरण के लिए, विश्व बैंक के मुताबिक, "पहचान का अभाव ग़रीब जन के लिए एक बड़ी बाधा है, इसकी वजह से वे अपने बुनियादी जनतांत्रिक

अधिकारों तथा मानवाधिकारों का उपयोग नहीं कर पाते।...डिजिटल पहचान भागीदारी में आने वाली बाधाओं को दूर करने में मददगार हो सकती है।'' डिजिटल आईडी को लेकर अन्तरराष्ट्रीय फलक पर जो बात कही जा रही है, उसकी एक झलक भारत में परोसी जा रही कहानी में भी मिलती है। कहा जा रहा है कि लाखों भारतीय बिन पहचान के हैं और अक्सर देखने में यही आता है कि जिनके पास अपनी पहचान साबित करने के वैध दस्तावेज़ नहीं हैं, वे ग़रीब हैं। पहचान साबित करने के वैध दस्तावेज़ों के अभाव में वे सरकारी सेवाओं का लाभ उठाने से वंचित रह जाते हैं और ठीक इसी कारण आधार सरीखा पहचान साबित करने वाला नई पहचान-संख्या का होना ज़रूरी है। दरअसल, आधार-परियोजना के पैरोकार अक्सर ये बताते रहते हैं कि आधार-संख्या बहुत कुछ वैसी ही है जैसे कि संयुक्त राज्य अमेरिका में सोशल सिक्युरिटी नम्बर (सामाजिक सुरक्षा संख्या—एसएसएन)।

इसमें कोई शक़ नहीं आइडीज़ (पहचानपरक साक्ष्य) कई मायनों में एक मददगार भूमिका निभाते हैं लेकिन ध्यान देने की एक बात यह भी है कि कई देशों में राष्ट्रीय आईडी के बिना भी लोगों को अच्छी सार्वजनिक सेवाएँ मुहैया कराई जा रही हैं। दुनिया के देशों पर एक सरसरी निगाह भर डालने से पता चल जाता है कि ''ग़रीब जन के लिए बुनियादी लोकतांत्रिक अधिकारों तथा मानवाधिकारों के इस्तेमाल'' में राष्ट्रीय आईडी न तो एक आवश्यक और न ही पर्याप्त।

एक उपयोगी उदाहरण तो ग्रेट ब्रिटेन ही है—यहाँ राष्ट्रीय आईडी (पहचानपरक साक्ष्य) का प्रचलन नहीं है (काग़ज़ी रूप में भी नहीं) और यहाँ प्रस्तावित बायोमैट्रिक आइडेंटिटी प्रोजेक्ट को आख़िरकार ख़त्म कर दिया गया। आधार ही की तरह प्रस्ताव नेशनल आईडी का नहीं बल्कि डिजिटल बायोमैट्रिक आईडी बनाने का था। ग्रेट ब्रिटेन के आइडेंटिटी प्रोजेक्ट और भारत के आधार प्रोजेक्ट के बीच कई समानताएँ हैं—मिसाल के लिए, बायोमैट्रिक आधारित पहचान-संख्या मुहैया कराने के विचार को जिस तरह दोनों देशों में पेश किया गया उसमें समानता देखी जा सकती है,

ग्रेट ब्रिटेन में भी भारत ही की तरह ऐसी आईडी के सहारे समस्याओं के समाधान के बढ़-चढ़ के दावे किए गए, वहाँ भी प्रोजेक्ट की लागत और तकनीकी मामलों पर बहुत कम ध्यान दिया गया। ऐसे कुछ उदाहरण और भी हैं जहाँ इस तरह की आईडी-परियोजनाओं को शुरुआती तौर पर परिवर्तनकारी और क्रान्तिकारी पहलक़दमी बताकर पेश किया गया लेकिन बाद को वापस ले लिया गया—ऑस्ट्रेलिया में चला 1987 का एंटी-आईडी कैम्पेन (पहचानपरक साक्ष्य तैयार करने के विरोध में चला अभियान) तो ख़ैर एक किंवदंती बन चला है (डेविस 1996) है। लेकिन भारत में अभी आधार परियोजना के भाग्य का फ़ैसला होना बाक़ी है।

वित्तीय समावेशन में सहायक

माना गया कि आधार के ज़रिए लोगों को पहचान साबित करने का एक दस्तावेज़ (न कि नम्बर) हासिल होगा और इस दस्तावेज़ के सहारे उनका वित्तीय समावेशन होगा (मोटे तौर पर यह माना गया कि आधार पहचान-पत्र के सहारे लोगों को बैंकों में खाता खोलने में मदद मिलेगी) और बैंक में खाता खुल जाने पर लोगों को उस खाते में नकदी दी जा सकेगी। भारत में वित्तीय समावेशन की राह में कई बाधाएँ गिनाई जाती हैं, जैसे—नो योर कस्टमर (केवाईसी) की प्रक्रिया पूरी करने के लिए ज़रूरी दस्तावेज़ का न होना, बैंकिंग-प्रणाली का सीमित विस्तार, नए ग्राहकों को सेवा प्रदान करने में आने वाली लागत आदि। केवाईसी के लिए ज़रूरी दस्तावेज़ों के अभाव को वित्तीय अपवर्जन का प्रमुख कारण माना गया और आधार को एक बार फिर से एकमात्र बेहतर विकल्प के तौर पर पेश किया गया। एक तर्क यह भी दिया गया, जिन जगहों पर नियमित रूप से चलने वाले बैंक खोलना लागत के लिहाज से लाभकर नहीं, वहाँ अगर बैंकिंग कॉरेस्पॉन्डेंट रखे जाएँ जो किसी बैंक शाखा के विस्तार-पटल के रूप में काम करते हों और इनके साथ आधार-प्रदत्त पहचान-संख्या को शामिल कर लिया जाए तो फिर इस तरकीब से भी लोगों का वित्तीय समावेशन हो सकेगा।

इस बीच, गुज़रे सालों में भारतीय रिज़र्व बैंक (RBI) और भारत सरकार ने औपचारिक बैंकिंग प्रणाली की पहुँच बढ़ाने के लिए कई उपाय किए हैं। इन उपायों में बेसिक सेविंग बैंक डिपॉजिट (जिसे नो फ्रिल्स या जीरो बैलेंस के नाम से भी जाना जाता है खाता खोलना), केवाईसी की कसौटियों को सरल करना और उनमें छूट देना आदि शामिल है। मिसाल के लिए, साल 2008-9 में ग्रामीण विकास मंत्रालय ने निर्णय लिया कि नरेगा की मज़दूरी का भुगतान केवल बैंक-खाते में किया जाएगा और ऐसे जीरो-बैलेंस बैंक खाते खुलवाने के लिए नरेगा का जॉब-कार्ड पर्याप्त केवाईसी दस्तावेज़ माना जाएगा। साल 2013 में, मसले पर थोड़ा आगे-पीछे करने के बाद भारतीय रिजर्व बैंक ने कह दिया कि आधार-पहचान को केवाईसी का वैध दस्तावेज़ माना जाए।

इन पहलों के परिणामस्वरूप साल 2005-6 से साल 2015-16 के बीच ऐसी महिलाओं का अनुपात जिनका बैंक या डाकघर में खाता है (और जिसका इस्तेमाल वे ख़ुद करती हैं) 15 प्रतिशत से बढ़कर 53 प्रतिशत हो गया। इसमें कोई शक़ नहीं कि बड़ी संख्या में लोगों ने सिर्फ़ आधार के इस्तेमाल से बैंकों में खाते खोले। हाँ, यह बात स्पष्ट नहीं है कि इनमें से कितने लोगों के पास पहले से बैंक खाता था। आधार का एक सम्भावित फ़ायदा यह भी माना जा सकता है कि इससे नए ग्राहक बनाने की लागत में कमी आई है। लेकिन, इस बात को भी प्रमाण-पुष्ट तरीक़े से कह पाने के सटीक आँकड़े मौजूद नहीं हैं। उपलब्ध आँकड़ों के आधार पर यह बता पाना मुश्किल है कि वित्तीय समावेशन के मोर्चे पर जो बेहतरी हुई है उसमें आधार का योगदान कितना है और सरकार तथा रिज़र्व बैंक ऑफ़ इंडिया के द्वारा किए गए अन्य उपायों का कितना।

डाटा, नए ज़माने का पेट्रोल

हाल के वक़्त में आधार प्रोजेक्ट डाटा माइनिंग की एक बड़ी परियोजना बनकर उभरी है। आधार प्रोजेक्ट के मुख्य पैरोकार नन्दन नीलेकणी का

कहना है कि डाटा एक तरह से 'नए क़िस्म का पेट्रोल (तेल)' है और नन्दन नीलकेणी के इस कहे को ट्विटर पर आई इस टिप्पणी के साथ मिलाकर पढ़ना चाहिए जिसमें कहा गया था कि 'आधार इस नए पेट्रोल को हासिल करने की ड्रिल (खुदाई) है।' डिजिटल आईडी को लेकर अभी जो उत्साह दिख रहा है उसकी एक हद तक व्याख्या उपर्युक्त टिप्पणी से हो जाती है। बस इतनी बात ही स्पष्ट होनी शेष है कि आधार प्रोजेक्ट अपने को डाटा उगाही के औज़ार के रूप में नए अवतार दे रहा है या फिर मंशा शुरू से ही यही थी और वक़्त के ख़ास मुकाम पर पहुँचकर आधार प्रोजेक्ट अपने चेहरे पर नकाब हटाकर अब असली रूप में आ गया है।

जहाँ तक आधार के अमेरिका में प्रचलित सोशल सिक्युरिटी नम्बर सरीखा होने की बात है—यह बात याद रखी जानी चाहिए कि अमेरिका में सोशल सिक्युरिटी नम्बर ने लोगों की 'क्रेडिट-हिस्ट्री' (कर्ज लेने के लिए ज़रूरी साख का आकलन, जो पुराने वित्तीय व्यवहार के आकलन से किया जाता है) गढ़ने में अहम भूमिका निभाई है और क्रेडिट-हिस्ट्री ने क़र्ज़ और इंश्योरेंस के उद्योग को ऊँचाई तक पहुँचाने में योगदान दिया है। क़र्ज़ और बीमा उद्योग का इतिहास वहाँ दाग़-धब्बों से भरा है क्योंकि इस उद्योग की कम्पनियों ने लाभ कमाने के मकसद से लोगों की निजी सूचनाओं का दोहन(कुछ का मानना है कि दुरुपयोग) किया है। (ओ'नाइल 2016)।

साल 2016-17 के बाद एक ख़ास बदलाव यह देखने में आया : बायोमैट्रिक सत्यापन (यानी हाथ की उँगलियों और आँख की पुतलियों की छाप का मिलान) तो कुछेक विशेष मामलों में ही ज़रूरी माना गया, बायोमैट्रिक सत्यापन का दायरा ऐसे ही मामलों तक सीमित रहा (कम से कम, अभी तक की स्थिति यही है) लेकिन पूरा ज़ोर 'सीडिंग' पर रहा—सीडिंग के ज़रिए निजी और सरकारी डाटाबेस में आधार-नम्बर को स्थायी तौर पर जोड़ देने के चलन पर ख़ास ध्यान दिया गया। सरकार चाहती है कि लोग जन्म से लेकर मृत्यु तक अपनी डिजिटल-छाप (यानी आधार से जुड़ी निजी जानकारी) हर जगह उकेरते जाएँ और इन छापों को डाटाबेस में संगृहीत करता चला जाए। अलग-अलग डाटाबेस में यूआईडी नम्बर की

सीडिंग से आपकी-हमारी और सबकी गतिविधियों का ख़ास ख़ाका बनाया जा सकता है और यह लगभग वैसा ही ख़ाका होगा जैसा कि क़र्ज़ और बीमा से जुड़ी कम्पनियों को हासिल होता है।

निगरानी का बुनियादी ढाँचा

डिजिटल आईडी के बारे में हो रही चर्चा और डाटा माइनिंग में डिजिटल आईडी की सहायक भूमिका पर गौर करें तो ज़ाहिर है हमारा ध्यान इस तरफ़ जाएगा कि आधार परियोजना चाहे या अनचाहे निगरानी का एक औजार साबित हो सकती है। यों निगरानी का हौवा आमतौर पर जब भी खड़ा किया जाता है, बात सरकारी तंत्र के ज़रिए होने वाली निगरानी की ही होती है। लेकिन निगरानी का काम कॉरपोरेट-तंत्र भी कर सकता है— सार्वजनिक बहस-मुबाहिसों में इस तथ्य और आशंका का जिक्र अभी हाल ही में होना शुरू हुआ है। (देखें श्नेइयर 2015)। कॉरपोरेट-तंत्र के ज़रिए होने वाली निगरानी का मतलब है आपकी निजी सूचनाओं को जानकर उसे ख़ास आपको ध्यान में रखकर विज्ञापन भेजने के लिए इस्तेमाल करना। साथ ही, जैसा कि क्रिस्टोफर वायली के 2018 के फेसबुक और कैम्ब्रिज एनालिटिका के खुलासे से ज़ाहिर होता है, कॉरपोरेट-तंत्र निगरानी के ज़रिए चुनावों में भी हेर-फेर कर सकता है।

आधार को विभिन्न काम में अनिवार्य बनाने के चलन में 2016 से तेज़ी आई है और इससे सरकारी-तंत्र के ज़रिए होने वाली निगरानी तथा कॉरपोरेट-तंत्र के लिए होने वाली निगरानी के मौक़े पैदा होंगे। अगर एक ही संख्या देश के तमाम डाटाबेस में दर्ज कर ली गई हो उससे लोगों की गतिविधि पर नज़र रखना और विभिन्न डाटाबेस से नम्बर जुटाकर लोगों का ख़ाका (प्रोफ़ाइल) तैयार करना पहले से कहीं ज़्यादा आसान हो जाएगा। मैने कहाँ की यात्रा की, यात्रा के लिए ट्रेन को चुना या हवाई जहाज़ में सफ़र किया, मैंने अपने पैसे किन चीज़ों (किताब, कपड़े, भोजन आदि) पर खर्च किए, मेरा मिलना-जुलना किन लोगों से होता है, उनसे क्या बातें

होती हैं—इन सारी बातों के आधार पर मेरा एक ख़ाका तैयार किया जा सकता है और उस ख़ाके के आधार पर मुझे ख़ास उत्पादों के विज्ञापन भेजे जा सकते हैं तो दूसरी तरफ़ किसी ख़ास मकसद से मेरी पहचान भी की जा सकती है। मिसाल के लिए, सड़क-मार्ग या ट्रेन के सहारे अगर अक्सर मेरा आना-जाना झारखंड होता है तो यह जानकारी वहाँ की कम्पनियों के लिए उपयोगी हो सकती है, साथ ही चूँकि झारखंड एक माओवादी हिंसा से प्रभावित राज्य है तो सरकारी-तंत्र एक आगन्तुक के रूप में मुझ पर नज़र रखने के लिए भी इस जानकारी का इस्तेमाल कर सकता है।

सरकार का तर्क है कि चूँकि भारतीय विशिष्ट पहचान प्राधिकरण ख़ुद बहुत कम जानकारी माँगता और रखता है, इसलिए लोगों की निगरानी करने, उनकी गतिविधियों पर नज़र रखने जैसे सर्विलांस का सवाल ही नहीं पैदा होता। लेकिन यह तो सीधे-सीधे बेवकूफ बनाने की कोशिश है क्योंकि आधार नम्बर कई डाटाबेस से जुड़ा हुआ है और इसमें सरकारी डाटाबेस भी शामिल है। सो, सरकार के लिए इन सबसे हमारी जानकारी एकत्र करना बहुत आसान है। अपने बचाव के लिए सरकार एक और तर्क देती है कि भारतीय विशिष्ट पहचान प्राधिकरण के पास केवल मेटाडाटा है और मेटाडाटा से लोगों की पहचान करना मुमकिन नहीं। (मेटाडाटा यानी डाटा के बारे में डाटा।) लेकिन बचाव में दिया गया सरकार का यह तर्क भी खोखला है क्योंकि सरकार ये नहीं बताती कि मेटाडाटा के सहारे भी किसी व्यक्ति के बारे में बहुत कुछ जाना जा सकता है। मिसाल के लिए, यदि सरकार को यह पता हो कि मैं किस नम्बर पर सबसे ज़्यादा फ़ोन करती हूँ तो उसे मेरी बातचीत के बारे में चाहे कुछ न पता चले लेकिन इस एक तथ्य से काफ़ी कुछ जाना जा सकता है। इसके अलावा आजकल डाटा माइनिंग की तकनीक में काफ़ी विकास हुआ है जिससे एक डाटाबेस में किसी की जमा जानकारी से किसी अन्य डाटाबेस में जमा उसकी पहचान का मिलान करना मुमकिन है और इस प्रक्रिया में पहचान का खुलासा भी नहीं करना पड़ता। हर एक डाटाबेस में एक विशिष्ट नम्बर होने से इस तरह की मैचिंग का काम बहुत आसान हो जाता है।

आज ज़माना अल्गॉरिद्म के ज़रिए फ़ैसले लेने का है और ऐसे वक़्त में कोई अपने शोधकार्य के लिए बार-बार झारखंड के ग्रामीण इलाक़ों में मौक़ा-मुआयना के लिए जाता हो तो उसे जिस आसानी से एक शोधकर्ता करार दिया जा सकता है उसी आसानी से उसे नक्सलपंथियों के समर्थक के रूप में भी चिह्नित किया जा सकता है। हमारे फ़ोन का ऑटो-करेक्ट फीचर जब अक्सर ही ग़लतियाँ करता है तो क्या हम लोगों के अस्तित्व के लिए बुनियादी माने-जाने फ़ैसले के लिए इस तरह के आर्टिफिशियल इंटेलीजेंस (कृत्रिम बुद्धिमत्ता) पर विश्वास कर सकते हैं (कभी-कभी तो ये भी लगता है कि इसे स्वाभाविक बेवकूफी कहना ज़्यादा ठीक है)?

आधार से जुड़ी चिन्ताएँ

आधार की ज़रूरत को रेखांकित करने के लिए जो कथानक बुने गए उन पर हम पिछले खंड में ग़ौर कर चुके हैं। हम यह भी देख चुके हैं कि उन कथानकों में क्या कमी है। आधिकारिक तौर पर जो कथानक बुने गए हैं, उनपर उठने वाले सवालों के अतिरिक्त आधार प्रोजेक्ट से जुड़ी ऐसी पाँच बुनियादी चिन्ताएँ हैं।

अभिजन को अपने पक्ष में करने की चाल

आधार प्रोजेक्ट के मुख्य कर्ता-धर्ता नन्दन नीलेकणी को इस बात का ख़ूब पता था कि अगर मसले पर सन्तुलित बहस को होने दिया गया तो परियोजना की राह में बाधा आएगी, लोग विरोध में उठ खड़े होंगे। 'आधार का विरोध होने की सूरत में इससे निपटने की उनकी रणनीति क्या रहेगी', इस सवाल पर नन्दन नीलेकणी ने एक चौंकाने वाला जवाब दिया था कि विरोध की स्थिति से निपटने के लिए उन्होंने तीन-तरफ़ा रणनीति अपनाई : एक तो यह कि जो कुछ करना है, वह ख़ूब तेज़ी से करना है (ताकि लोगों को

प्रोजेक्ट के निहितार्थों को समझने का वक़्त न मिले), दूसरे, 'जो कुछ करो उसे ऐसे करो कि नजर में न आओ' और तीसरा यह कि 'आधार को समर्थन देने वालों का एक गठबन्धन तैयार करो' (यानी अपने दायरे से बाहर के ऐसे लोगों को जुटाना जो आधार की तरफ़दारी कर सकें)। रणनीति आधार को तेज़ी से इस हद तक बड़ा कर देने की थी कि फिर उसे वापस ले पाना असम्भव हो जाए। आधार को मिल रही कोई भी चुनौती मुखर न हो पाये, इसके लिए अभिजन तबके में सहमति बनाना ज़रूरी था। सो, शुरुआती वक़्त से ही लोगों के बीच सकारात्मक छवि बनाने के गरज से विज्ञापन, ब्रांडिंग आदि को प्रोजेक्ट की रणनीति बनाकर चलाया गया ताकि अभिजन तबके में आधार के पक्ष में सहमति कायम हो। (भारत सरकार 2010 डी, 2010 ई)।

अलग-अलग वर्गों के लोगों के लिए आधार के बाबत अलग-अलग बातें बताई गईं ताकि हर कोई एक न एक कारण से आधार की कहानी के भीतर समेटा जा सके। एक बात बिलकुल स्पष्ट है : यूआईडी परियोजना कॉरपोरेट-तंत्र और सरकारी-तंत्र के लिए लोगों की निगरानी का साधन बन सकती है—यह यूआईडी परियोजना का सबसे स्याह पक्ष है और इस स्याह पक्ष को ढकने के लिए 'लोक-कल्याण' वाली कहानी यूआईडी परियोजना के ऊपर किसी चमकीली पन्नी की तरह लपेटकर पेश कर दी गई।

लोगों के मन में ख़ास तरह की धारणा बैठाने के लिए किसी चीज़ या घटना के ऊपर ख़ास तरह का लेबल चस्पां करना एक महत्त्वपूर्ण युक्ति है। आधार परियोजना के साथ यह भी हुई। परियोजना के शुरुआती सालों में जिस किसी ने आधार को लेकर सवाल उठाए उसे प्रौद्योगिकी-विरोधी या लडाईट का नाम दिया गया। हाल-फिलहाल जो लोग यूआईडी परियोजना को लेकर कठिन सवाल खड़े कर रहे हैं उन्हें 'न्यस्त स्वार्थ' का नाम दिया जा रहा है। विरोध का कोई भी स्वर 'प्रतिक्रियावादी' अथवा 'साजिश के सिद्धान्त का विश्वासी' करार दिया जा रहा है। आधार की ब्रांड इमेज गढ़ने की मीडिया-रणनीति में 'डैमेज कंट्रोल' शामिल है। हालाँकि आलोचना के

स्वर पूरी तरह दबाए तो न जा सके हैं लेकिन आधार को लेकर जैसे ही कोई आलोचनात्मक आलेख अख़बार में छपता है, जल्दी ही इसकी काट में अख़बार में धड़ाधड़ सम्पादकीय वक्तव्य छपने लगते हैं। एलपीजी के मद में हुई बचत के आँकड़े पर वॉल स्ट्रीट जर्नल ने सवाल उठाए तो सरकार इंडियन एक्सप्रेस (जार्ज और सुब्रह्मण्यम 2016) में इस पर प्रतिक्रिया देने के लिए मजबूर हुई। लेकिन इसके तुरन्त बाद, नन्दन नीलेकणी (जो तब तक यूआईडीएआई छोड़ चुके थे) के साथ 'वॉक द टॉक' का एक एपिसोड प्रसारित किया गया। साक्षात्कार में इस बात को एकदम ही नज़रअन्दाज़ कर दिया गया कि सरकार एलपीजी के बाबत हुई बचत के अपने अनुमानों से सरकार अब मुकर गई है। साथ ही, वॉक द टॉक का वह एपिसोड एक तरह से आधार की तरफ़दारी में एक सजा-सजाया मंच प्रतीत हुआ जहाँ से वही बचत के वही आँकड़े दोहराए गए जो प्रश्नांकित हो चुके थे। साक्षात्कार बहुत कुछ ऐसा जान पड़ रहा था मानो बचत के आँकड़ों के प्रश्नांकित होने से जो नुकसान हुआ है उसकी भरपाई करने की बेचैन कोशिश हो।

निर्णायक मौक़े पर सुविधाजनक कहानी को मीडिया में पेश करना भी एक बहुप्रचलित नुस्खा है। किसी योजना को आधार से लिंक करने के बाबत सरकार कोई महत्त्वपूर्ण घोषणा करने ही वाली होती है कि इसी बीच अख़बारों में ख़बर आने लगती है कि आधार के कारण अमुक तादाद में 'फर्ज़ी' नामांकन का पता चला है। ऐसी कहानियों के सहारे यह जताने की कोशिश की जाती है कि जो फ़ैसला लिया जा रहा है वह एकदम सही है। एक ख़बर में कहा गया कि एक करोड़ फर्जी जॉबकार्ड समाप्त कर दिए गए हैं लेकिन इस ख़बर के तथ्यों की छानबीन करने पर पता चला कि ख़बर जरा भी विश्वसनीय नहीं है। एक प्रचलित रणनीति है ख़बरों की चमकदार हेड लाइन लगाना। (मिसाल के लिए किसी ख़बर के शीर्षक में कई सालों की जमा राशि को जोड़कर कुल बचत की रकम को ढेर सारे शून्य लगाकर लिखना।)

प्रचार को बढ़ावा देने का एक और तरीक़ा है प्रायोजित शोध-अनुसन्धान

कराना। इसका सबसे प्रत्यक्ष उदाहरण है विश्व बैंक की रिपोर्ट में आया यह जिक्र के आधार के कारण सरकारी ख़ज़ाने में बचत हुई है (द्रेज़ एवं खेड़ा 2018)। विश्व बैंक के अतिरिक्त, लोकोपकार के घोषित उद्देश्य से काम करने वाली कुछ संस्थाएँ जैसे ओमडियार नेटवर्क भी भारत में आधार को लेकर बड़े पैमाने के शोध-अनुसन्धान के लिए धन मुहैया करा रहे हैं। ओमडियार की व्यावसायिक दिलचस्पी 'फिनटेक' (सोलोदकी 2016) में है। फिनटेक (बैंकिंग तथा वित्तीय सेवाओं में मददगार कम्प्यूटरी युक्तियाँ) एक ऐसा क्षेत्र है जिसमें आधार के कारण बड़ी उछाल आने की सम्भावना है। इसी तरह बिल एंड मेलिंडा गेट्स फ़ाउंडेशन का व्यावसायिक हित निजी स्वास्थ्य बीमा के क्षेत्र से जुड़ा है और यह फ़ाउंडेशन भी आधार-केन्द्रित काम कर रही है। बिल गेट्स ख़ुद भी आधार को एक बड़ी उपलब्धि के रूप में अपने ट्वीट में पेश करते हैं।

यूआईडीएआई ने अपनी शुरुआत से ही अपनी मीडिया रणनीति पर ज़ोर बनाए रखा और लोगों के मन में आधार को लेकर अच्छी धारणा बैठा दी। इसका नतीजा यह हुआ है कि अवर्जन, नकार और कठिनाइयों के ढेर सारे प्रमाण आँखों के सामने हैं लेकिन आधार को लेकर लोगों के मन में बनी सकारात्मक छवि को निकाल पाना मुश्किल हो रहा है।

संसदीय प्रक्रियाओं की हेठी

आधार परियोजना की शुरुआत साल 2009 में कार्यपालिका के एक आदेश के ज़रिए हुई थी। इसके बाद से साल 2016 तक यह परियोजना बिना किसी वैधानिक बुनियाद के चलती रही। यूपीए-2 सरकार द्वारा दिसम्बर में संसद में पेश नेशनल आइडेंटिफिकेशन अथॉरिटी ऑफ़ इंडिया (NIDAI) विधेयक को संसद की स्थायी समिति (वित्त) को भेज दिया गया। व्यापक विचार-विमर्श के बाद समिति ने साल 2011 के दिसम्बर में अपनी रिपोर्ट पेश की। समिति ने माना कि 'परियोजना में गम्भीर कमियाँ हैं' और परियोजना की परिकल्पना में उद्देश्य की स्पष्टता नहीं है तथा 'कई चीज़ों

को यह मानकर छोड़ दिया गया है कि उन्हें क्रियान्वयन के समय सुलझा लिया जाएगा।' आख़िर में, समिति ने सरकार से यूआईडी योजना पर पुनर्विचार करने का आग्रह करते हुए कहा—

> "यूआईडी योजना के बारे में उपर्युक्त चिन्ताओं और आशंकाओं के मद्देनज़र, ख़ासकर इसके कार्यान्वयन पर सरकार के भीतर मौजूद विरोधाभास और अस्पष्टता और इसके निहितार्थों को देखते हुए समिति नेशनल आइडेंटिफिकेशन अथॉरिटी ऑफ़ इंडिया विधेयक (2010) को उसके मौजूदा स्वरूप में अस्वीकार करती है...सो, समिति सरकार से यूआईडी योजना तथा विधेयक में वर्णित सभी प्रस्तावों की समीक्षा तथा पुनर्विचार करने और संसद के समक्ष एक नया विधेयक लाने का आग्रह करती है।" (पृ. 35)

समिति ने सख़्त फ़ैसला सुनाया था लेकिन इसके बावजूद परियोजना बेरोक-टोक जारी रही और इस तरह समिति की ही बात की एक तरह से पुष्टि हुई कि यह परियोजना मनमानेपन की एक मिसाल है। सरकार ने सिर्फ़ एक रियायत बरती थी और यह रियायत बरती गई उस सिफ़ारिश के सन्दर्भ में जिसमें फ़िजिबिलिटी स्टडी (व्यवहार्यता-अध्ययन) की ओर इंगित करते हुए कहा गया था कि "इतनी महँगी योजना को मंजूरी देने से पहले ऐसा अध्ययन करा लिया जाना चाहिए था।"

योजना आयोग ने नेशनल इंस्टीट्यूट ऑफ़ पब्लिक फाइनेंस एंड पॉलिसी (NIPFP) को परियोजना के 'लागत-लाभ' के आकलन का ज़िम्मा सौंपा था। एनआईपीएफपी की रिपोर्ट में कहा गया कि सामाजिक कल्याण के सात कार्यक्रमों को यूआईडी से लिंकित करने पर बड़ी बचत होगी और अन्दरूनी आमद की दर 50 प्रतिशत रहेगी। जब यह ध्यान दिलाया गया कि एनआईपीएफपी का अध्ययन दोषपूर्ण मान्यताओं पर आधारित है (खेड़ा, 2013) तो रिपोर्ट के लेखकों ने स्वीकार किया कि—

> "दो कारणों से आधार का पूर्णव्यापी लागत-लाभ अध्ययन मुश्किल है : एक तो आधार से होने वाले बहुत से फ़ायदों के अमूर्त होने के कारण उन्हें संख्यात्मक माप में बदलना मुश्किल है और दूसरी वजह

ये कि किसी ख़ास योजना में आधार के फ़ायदे मूर्तरूप में हों तब भी उस योजना की उपलब्ध सूचनाओं से फ़ायदों को ठीक-ठीक संख्यात्मक माप में बदल पाना मुमकिन नहीं है।'' (चन्द्रशेखरन तथा अन्य, 2013)

जैसा कि पहले जिक्र आ चुका है, क़ानून बनाने को लेकर बढ़ते सार्वजनिक दबाव के मद्देनज़र एनडीए-2 ने 2016 में संसद के ज़रिए आधार विधेयक के लिए चोर-दरवाजे से गुंजाइश बनाई। इसे 'धन विधेयक' के रूप में संसद में लाया गया था ताकि राज्यसभा में होने वाली परीक्षा से विधेयक बच जाए, सत्ताधारी पार्टी का राज्यसभा में उस वक़्त बहुमत नहीं था। क़ानूनी मामलों के जानकारों का इस मसले पर एकमत से कहना है आधार विधेयक को धन विधेयक के रूप में पेश करना तो असंगत था ही, अध्यक्ष का इसे धन विधेयक के रूप में पेश करने की अनुमति देना भी न्यायिक समीक्षा की माँग करता है। धन विधेयक बताकर पेश किए जाने के लिए आधार विधेयक में मात्र वैसे प्रावधान होने चाहिए जो संविधान के अनुच्छेद-110 में सूचीबद्ध मामलों से सम्बन्धित हों। जहाँ तक संविधान के अनुच्छेद-110 में सूचीबद्ध मामलों से सम्बन्धित प्रावधानों का आधार विधेयक में शामिल होने का सवाल है, ऐसे प्रावधान विधेयक में थे ज़रूर लेकिन ये प्रावधान आधार विधेयक के मूल उद्देश्य के लिहाज से सांयोगिक ही माने जाएँगे, अनिवार्य नहीं (पार्थसारथी, 2016)। विधेयक के पारित हो जाने के बाद सरकार ने ऐसी अधिसूचनाएँ जारी की कि आधार के बग़ैर लोगों का जीना ही मुहाल हो जाए। चूँकि अन्तिम सुनवाई साल 2018 के जनवरी में शुरू हुई सो सरकार को थोड़ा पीछे हटना पड़ा (मिसाल के लिए डेडलाइन को बढ़ाना, कभी-कभी तो डेडलाइन अनियतकाल के लिए आगे खिसकाई गई), लेकिन आधार की अनिवार्यता को लेकर जिस तरह अस्पष्टता का माहौल बनाया है, उसका सरकार ने इस बीच भरपूर इस्तेमाल किया और हर तरह की सेवाओं से आधार को जोड़ने के लिए दबाव बनाना जारी रखा।

निजता के अधिकार को चुनौती

सुप्रीम कोर्ट में आधार परियोजना के सामने मुख्य चुनौती इस दावे से टकराने की थी कि यह परियोजना निजता के अधिकार का उल्लंघन करती है जबकि निजता का अधिकार भारत के संविधान में एक मौलिक अधिकार है। साल 2015 में घटनाओं ने एक विचित्र मोड़ लिया और भारत सरकार ने चुनौती के स्वर में यह तक कह दिया कि क्या निजता का अधिकार सचमुच मौलिक अधिकार है (विचित्र इसलिए कि कई दशकों से चली आ रही न्यायिक परिपाटी के भीतर यह बात सिद्ध हो चली थी कि निजता का अधिकार एक मौलिक अधिकार है) ?

आधार परियोजना कई कोणों से व्यक्ति की निजता के लिए ख़तरा है—डाटा सुरक्षा का सवाल है, बायोमैट्रिक्स के इस्तेमाल के कारण व्यक्ति के अपनी देह से जुड़ी स्वतंत्रताओं का मसला है, निजत्व पर अतिक्रमण और निजी डाटा के उपयोग का सवाल जुड़ा है। कोई भी केन्द्रीकृत डाटाबेस सुरक्षा के एतबार से एकदम अभेद्य नहीं माना जा सकता और आधार सरीखी परियोजना में तो विशिष्ट पहचान संख्या के रूप में मानो सौ तालों की एक चाबी ही थमा दी गई है, विशिष्ट पहचान-संख्या से कई सारे डाटाबेस के जुड़े होने के कारण सुरक्षा में सेंधमारी का ख़तरा और ज़्यादा बढ़ जाता है। बेशक, विशिष्ट पहचान संख्या का कई डाटाबेस से जुड़ा होना ही उसके भीतर निजी डाटा के अनुकूल व्यावसायिक इस्तेमाल की सम्भावनाएँ पैदा करता है : आप किसी डाटाबेस से विशिष्ट पहचान संख्या की सेंधमारी करके उसका इस्तेमाल यह जानने में कर सकते हैं कि कोई व्यक्ति कितनी बार यात्रा कर रहा है और उसकी यात्रा किस क़िस्म की है, वह किससे भेंट-मुलाक़ात कर रहा है, किससे बातें करता है, उसकी खाने-पीने की आदतें क्या हैं। इन सारी जानकारियों का व्यक्ति विशेष को ध्यान में रखकर भेजे जाने वाले विज्ञापन में बड़ा महत्त्व है, साथ ही व्यक्ति के व्यवहार के बारे में निष्कर्ष निकालने के बहुत सारे अल्गॉरिद्म का इस्तेमाल अब जीवन के कई दायरों के लिए किया जा रहा है और इस लिहाज से भी ऐसी जानकारियाँ बहुत उपयोगी हैं। केन्द्रीकृत और इंटर-लिंक्ड डाटाबेस से

किसी व्यक्ति पर नज़र रखना और उसका प्रोफ़ाइल बनाना सम्भव है। इन बातों के कारण कोई व्यक्ति आशंकावश अपनी निजी गतिविधियों पर ख़ुद से ही पाबन्दी लगा सकता है और ऐसे में उसकी निजी स्वतंत्रता बाधित होगी। इस तरह, निजी डाटा की माइनिंग (उगाही) सीधे-सीधे नागरिक स्वतंत्रताओं के फ़िलाफ़ जाती बात है, निजी डाटा की उगाही और नागरिक स्वतंत्रता के बीच की यही टकराहट आधार को लेकर चलने वाली बहस के केन्द्र में भी है।

आधार परियोजना को जिस रीति से लागू किया जा रहा है उसके लोकतांत्रिक बरतावों के नज़रिये से गम्भीर नतीजे हो सकते हैं। आधार-परियोजना ने हमारे जीवन के तमाम पक्ष (विमान और ट्रेन से की जा रही यात्रा, बैंक से राशि की निकासी और जमा, मोबाइल का इस्तेमाल, नौकरी तथा स्वास्थ्य से सम्बन्धित रिकॉर्ड आदि) को एक साथ जोड़ दिया है और ऐसा करने से लोगों पर निगरानी रखने का एक विशाल तंत्र खड़ा हो गया है जिसके सहारे आम जन का प्रोफ़ाइल बनाना और उस पर नज़र रखना मुमकिन हो गया है। हम ये बात तो जानते ही हैं कि निजी संस्थाएँ सरकारी एजेंसियों को अपना डाटा आसानी से दे देती हैं—मिसाल के लिए अमेरिका में मोबाइल कम्पनियाँ नेशनल सिक्युरिटी एजेंसी को लोगों के डाटा मुहैया कराती है, वहाँ सरकार के माँगने पर गूगल अपने यूजर्स के डाटा मुहैया कराता है (श्नेइयर, 2015)। प्रोफ़ाइलिंग और निगरानी व्यक्ति को खुद पर पाबन्दी आयद करने की आदत की तरफ़ ले जाता है (ग्रीनवर्ल्ड 2015)। अपने सोच-विचार और गतिविधियों पर व्यक्ति ख़ुद ही पाबन्दी आयद करने लगे तो मुक्त चिन्तन और अभिव्यक्ति की आज़ादी को गम्भीर चोट पहुँचती है। नियंत्रण की ऐसी युक्तियों के लिए लोकतंत्र में कोई जगह नहीं है।

सामाजिक कल्याण में तकनीक की तानाशाही

सामाजिक विकास के कार्यक्रमों में आधार का उपयोग (मानकर चला गया

कि आधार इन कार्यक्रमों में मददगार होगा) तेज़ी से 'सामूहिक विनाश के हथियार' में तब्दील हो रहा है। मुश्किलों को यह कहकर खारिज किया गया कि शुरू-शुरू में तो परेशानी होती ही है। यह भी कहा गया कि जो भी दिक़्क़तें पेश आ रही हैं उनका रिश्ता क्रियान्वयन से है, विचार में कोई खोट नहीं है लेकिन वक़्त गुजरने के साथ मुश्किलें रोजमर्रा की बात बन गईं। कहा गया था कि साइत-संयोग ही आधार के कारण बाधा आएगी लेकिन आधार के कारण बाधाएँ रोजाना खड़ी होने लगीं : लोगों को अपनी पेंशन हासिल करना मुहाल होने लगा, वे पीडीएस के ज़रिए मिलने वाले राशन, अस्पताली उपचार, बचत और मोबाइल कनेक्शन जैसी सेवाओं से वंचित होने लगे। सिर्फ़ झारखंड का ही उदाहरण लें तो यहाँ पीडीएस में आधार को अनिवार्य करने के कारण लगभग एक दर्जन लोगों की भुखमरी से मौत हुई है। इन लोगों को आधार अनिवार्य होने के कारण पीडीएस से राशन नहीं मिल पाया।

पहले लोगों को सामाजिक कल्याण के कार्यक्रमों का लाभ हासिल करने के लिए इसकी पात्रता से जुड़े मानदंडों को पूरा करना होता था। इस राह में कई बाधाएँ थीं—पता करना होता था कि ऐसी कोई योजना चल रही है या नहीं, पात्रता की शर्तों को जानना होता था, अर्जी डालने के लिए इधर-उधर बहुत चक्कर काटने पड़ते थे और योजना में भागीदार होने के लिए ज़रूरी दस्तावेज़ जुटाने होते थे। आधार ने बाधाओं की इस कड़ी के आख़िरी छोर पर अपनी तरफ़ से कुछ नई बाधाएँ आयद कर दी हैं और सामाजिक कल्याण की योजनाएँ लोगों की पहुँच से बाहर होने लगी हैं।

पहली नई बाधा तो ख़ुद आधार नम्बर को हासिल करना है। हालाँकि यह बात सच है कि अब आबादी के बस एक छोटे से हिस्से के पास ही आधार नम्बर नहीं है लेकिन यह बात भी सच है कि बिना आधार के लोगों की कुल संख्या देखें (आबादी का हिस्सा नहीं) तो फिर एक बड़ी तादाद सामने आती है और जैसा कि अशक्त होकर बिस्तर पर लेटे-लेटे ज़िन्दगी गुज़ार रहे कपिल पैकरा की कहानी से ज़ाहिर होता है, ऐसे ही लोग सबसे ज़्यादा ज़रूरतमन्द हैं।

दूसरी नई बाधा 'सीडिंग' है। अनिवार्य कर दिए जाने के कारण हर नई योजना के साथ आधार की सीडिंग (या, लिंकिंग) करना इतना आसान काम नहीं है जितना कि बताया जा रहा है : बुजुर्ग व्यक्ति के लिए सीडिंग कराने के लिए एक बार का सफ़र करना भी बहुत मुश्किल साबित हो सकता है, कई बार यह भी होता है कि एक बार के सफ़र से सीडिंग का काम नहीं हो पाता। इस अध्याय के शुरुआती अनुच्छेद में हमारी भेंट रातू के जिस बुज़ुर्ग से हुई थी, उनके मामले से यह मुश्किल साफ़ ज़ाहिर हो जाती है। ज्योति की कहानी से भी यही ज़ाहिर होता है। मंडल स्तर पर उसके मामले को ठीक-ठीक समझकर सुलझाने वाला कोई व्यक्ति नहीं मिल पा रहा था, किसी को पता नहीं चल पा रहा था कि आख़िर सीडिंग की प्रक्रिया में गड़बड़ी क्या हुई है।

लोगों के सामने तीसरी बड़ी बाधा खड़ी होती है लाभ हासिल करने के लिए आधार-सत्यापन के समय। आधार-सत्यापन कई कारणों से कामयाब नहीं हो पाता—कनेक्टिविटी की दिक़्क़त हो सकती है, बिजली की आपूर्ति आड़े आ सकती है, बायोमैट्रिक प्रमाणीकरण नाकाम हो सकता है। चूँकि लाभार्थी को सत्यापन स्वयं ही करवाना होता है सो ओलासी हाँसदा सरीखी स्त्री जो अकेली रहती है और चल-फिर नहीं सकती (जिनके लिए पहले पड़ोसी राशन ले आते थे), सत्यापन की इस प्रक्रिया से बाहर हो जाती है। जो दूसरे लोग हैं, उनके लिए सत्यापन की प्रक्रिया का मतलब है बार-बार फेरा लगाने के कारण लाभ हासिल करने के मद में लागत का बढ़ते जाना, लम्बे समय तक प्रतीक्षा करना।

सोलोव (2001) का तर्क है कि डाटाबेस के साथ निजता के अधिकार के उल्लंघन की जो समस्या जुड़ी है उसे जार्ज ऑरवेल के 'बिग ब्रदर' वाले रूपक के सहारे ठीक-ठीक नहीं समझा जा सकता क्योंकि वहाँ किसी की छिपी हुई दुनिया को एकबारगी उजागर करने के लिए निजता का अतिक्रमण किया जाता है और इस क्रम में संकोच, आत्म-निषेध, शर्मिन्दगी तथा प्रतिष्ठा को हानि सरीखे नुकसान सहने होते हैं। सोलोव का तर्क है कि डाटाबेस के सहारे होने वाले निजता के उल्लंघन को समझने के लिए

काफ़्का के 'द ट्रायल' का रूपक कहीं ज़्यादा उपयुक्त है जिसमें समस्या को अस्सहायता, निशक्तता और अमानवीयकरण के कोण से पेश किया गया है यानी एक ऐसी मुश्किल जो निजी सूचनाओं को एक साथ सूत्रबद्ध कर दिए जाने के कारण पैदा हुई है। इस आलेख के शुरुआती हिस्से में जिन लोगों की कहानियाँ आई हैं उनसे यह बात तो बिलकुल साफ़ है कि वे सामाजिक कल्याण के कार्यक्रमों में आधार को अनिवार्य कर देने के कारण मुश्किल में पड़े हैं। इस सिलसिले में ध्यान देने की एक अहम बात यह है कि अमेरिका में सामाजिक कल्याण की योजनाओं में तकनीक के उपयोग के बारे में लिखते हुए इयूबैंक्स (2017) ने दर्ज किया है कि जैसे-जैसे अधिकारों को क़ानूनी रूप दिया जाने लगा और राजनीतिक इच्छाशक्ति डाँवाडोल होती गई, बढ़ती लागतों पर लगाम कसने के लिए प्रतिक्रियास्वरूप तकनीक पर ज़ोर दिया जाने लगा।

आधार परियोजना की प्रौद्योगिकी में ऐसे कई हिस्से हैं जिन्हें जाँचने-परखने की ज़रूरत है। यूआईडीएआई ने तो हमेशा ही अपनी प्रौद्योगिकी की मज़बूती का दावा किया है। लेकिन बायोमैट्रिक्स (कि यह कितना सुरक्षित और भरोसेमन्द है), केन्द्रीकृत आइडेंटिटीज़ डाटा रिपॉजिटरी (CIDR) की सुरक्षा, डाटा सुरक्षा (जैसे कि इन्क्रिप्शन के मानक क्या रखे गए हैं, इन तक किसकी पहुँच है, आदि) और प्रक्रियाओं को लेकर गम्भीर सवाल खड़े हुए हैं। सरकारी पोर्टल्स पर लोगों की आधार संख्या दिखाई दे जाती है, पंजाब में जनांकिकी (डेमोग्राफ़िक) की आँकड़े 500 रुपए में उपलब्ध थे।

भारत में बायोमैट्रिक्स के लिए जो दबाव पैदा हो रहा है, उसमें और अमेरिका में इस तरह के दबाव को लेकर काफ़ी समानताएँ हैं। मैगनेट (2017 : 77-83) लिखती हैं कि अमेरिका में किस तरह 'डुप्लीकेट' नामों को लेकर बवाल उठा, सिर्फ़ इसलिए कि बायोमैट्रिक उद्योग के पदार्थों के लिए एक सुरक्षित मार्केट बने। जब बायोमैट्रिक्स के इस्तेमाल से बचत के कोई अनुमान उपलब्ध नहीं थे, तब मनगढ़ंत अनुमान पेश किए गए। उदाहरण के तौर पर, जब कभी लाभार्थियों की संख्या काम होती,तो

उसे बायोमैट्रिक्स की उपलब्धि के रूप में पेश किया जाता। तब भी जब संख्या कम होने का कारण कुछ और ही था! यह दोनों प्रवृत्ति यहाँ भी देखी गई, जैसा कि NIPFP की रिपोर्ट में किया गया।

इयूबैंक्स और मैगनेट जैसे लोगों का मानना है कि तकनीक को सामाजिक सुरक्षा का ख़र्च कम करने के लिए हथियार के रूप में इस्तेमाल किया जा रहा है।

एक सवाल यह भी है कि भारत आधार सरीखी प्रौद्योगिकी को अपनाने के लिहाज़ से किस हद तक तैयार है। कुछ सेवाओं के बाबत सरकार आधार के उपयोग को अनिवार्य बना रही है, कहा जा रहा है कि इन सेवाओं का इस्तेमाल जितनी दफ़े किया जाए—हर बार आधार के सहारे बायोमैट्रिक सत्यापन की प्रक्रिया पूरी की जाए। (जैसे, पीडीएस से मुहैया कराए जा रहे अनुदानित अनाज की मासिक ख़रीद में)। लेकिन एक ऐसे मुल्क में जहाँ बिजली के आने-जाने का कोई ठिकाना नहीं रहता और मोबाइल तथा सर्वर की कनेक्टिविटी भी बहुत भरोसेमन्द नहीं है—आधार सरीखी प्रौद्योगिकी को अमल में लाने के विवेक तथा अर्थशास्त्र पर पुनर्विचार करने की ज़रूरत है।

इसके अलावा, इस तरह की तकनीकों को सर्वव्यापी और अनिवार्य बनाने के औचित्य पर भी सोचने की ज़रूरत है। आधार के इस्तेमाल से जुड़ा पूरा परिवेश डिजिटल, प्रौद्योगिक तथा क़ानून के एतबार अव्वल दर्जे की साक्षरता की माँग करता है। लेकिन डिजिटल, तकनीक तथा क़ानून के मोर्चे पर तैयारी के लिहाज़ से देखें तो नज़र आएगा कि भारत में आधार परियोजना को कम साक्षरता स्तर वाले समाज में अमल में लाया जा रहा है। (2011 की जनगणना के मुताबिक, लगभग 30 प्रतिशत आबादी साक्षर नहीं थी।) यह ग़ैर-ज़िम्मेदाराना और अलोकतांत्रिक रवैया है।

लोगों को मजबूरी के आलम में नुकसान उठाना पड़ रहा है। ऐसे उदाहरणों की कोई कमी नहीं है : मिसाल के लिए, जब मोबाइल फ़ोन के यूज़र्स को अपना नम्बर आधार नम्बर से लिंक करने के लिए मजबूर किया गया, तो एक कम्पनी (एयरटेल) ने उन ग्राहकों के लिए एयरटेल पेमेंट्स

बैंक खाते खोले और इन ग्राहकों के नियमित बैंक खाते में आधार-नम्बर के सहारे जो भुगतान होते थे, जैसे कि रसोई गैस के मद में मिलने वाली सब्सिडी तथा राष्ट्रीय ग्रामीण रोज़गार गारंटी योजना की मजदूरी आदि, वे सारे के सारे भुगतान आगे से स्वत: एयरटेल पेमेंट बैंक में होने लगें—ऐसा इन्तज़ाम कर लिया। ये दोनों काम यानी एयरटेल पेमेंट बैंक में खाता खोलने तथा आधार-नम्बर के सहारे होने वाले नियमित भुगतान को एयरटेल खाते में लाने का काम ग्राहकों से बिना अनुमति लिये हुआ।

बिग डाटा और बिग ब्रदर : एक तो करेला दूजे नीम चढ़ा

अगर डाटा ही नए ज़माने का 'नया पेट्रोल है' तो फिर आधार नम्बर को ज़्यादा से ज़्यादा सार्वजनिक तथा निजी डाटाबेस से जोड़ने पर इस नए तेल की निकासी में भी इज़ाफ़ा होगा। आधार को तो अब बड़ी तेज़ी से ऐसे मामलों में भी ज़रूरी बनाया जा रहा है कि जानकर किसी को भी हँसी आ जाए (जैसे बच्चों की पेंटिंग तथा खेल-स्पर्धाओं में आधार नम्बर को अनिवार्य बनाना)। लेकिन ऐसा करने के पीछे मंशा व्यक्ति के जीवन के अधिकाधिक पहलुओं को डिजिटल दुनिया की छत्रच्छाया में लाना है ताकि व्यक्ति की अधिकाधिक गतिविधियों पर नज़र रखी जा सके और उसकी अभिरुचि तथा ज़रूरत की परख कर विज्ञापन भेजे जा सकें।

लक्ष्यवेधी विज्ञापन (टार्गेटेड ऐडवर्टाइज़िंग) का नया अवतार दरअसल 'डिजिटल ठगबाज़ारी' है और इसका रवैया अधिनायकवादी है (कैसर 2018)। विभिन्न प्रकार के डाटा-भंडारों के बीच से किसी व्यक्ति की अभिरुचियों और आदतों को जानकर उसका एक संगठित ख़ाका तैयार कर लेने पर क्रेडिट रेटिंग, स्वास्थ्य बीमा, वैवाहिक विज्ञापन और सेवाओं, कठोर मेहनत की माँग करने वाली नौकरियों में नियुक्ति आदि के क्षेत्र में व्यवसाय की अकूत सम्भावना पैदा होगी। ऐसे में डाटा ब्रोकरिंग का उद्योग भी खड़ा होगा और डिजिटल होती अर्थव्यवस्था के भीतर डाटा के ख़रीद-फरोख़्त से जुड़े बिचौलिये लोगों की आदतों-अभिरुचियों तथा

ज़रूरतों का डिजिटल ख़ाका मुहैया कराने के व्यवसाय को सुगम बनाएँगे। नीलेकणी ने एक भाषण में इस पूरे परिदृश्य को इन शब्दों में बयान किया है—"भारत में व्यापार के जो मॉडल उभरेंगे उसमें लोग अपनी डिजिटल सम्पदा को आर्थिक सम्पदा में बदलेंगे और इसे कहते हैं 'ट्रिकल-उप्र', यानी आर्थिक समृद्धि का निचले वर्ग से मध्यम और उच्च वर्ग तक पहुँचना।"

चिन्ता की एक स्वाभाविक बात यह है कि विभिन्न वंचित वर्गों समेत आबादी के एक बड़े हिस्से के सामाजिक, राजनीतिक तथा आर्थिक हित 'बिग डाटा' तथा 'बिग ब्रदर' की बढ़ती माँग के आगे बौने होते जा रहे हैं।

इसकी कुछ झलकियाँ हमें पहले से ही मिल रही हैं। साल 2017 के अप्रैल में पता चला कि आधार अधिनियम के प्रावधानों का उल्लंघन करते हुए कई सरकारी एजेंसियों की वेबसाइट पर लोगों के आधार नम्बर तथा व्यक्तिगत पहचान बताने वाली सूचनाएँ सरेआम दिखाई जा रही हैं। हज़ारों या कह लें लाखों लोगों के आधार नम्बर के साथ खिलवाड़ हुआ। 'डाटा लीक्स' का यह घोटाला ठीक उसी वक़्त पेश आया था जब सरकार ने पैन, मोबाइल फ़ोन तथा बैंक खाते को आधार नम्बर से जोड़ना अनिवार्य कर दिया था। इन दो घटनाओं से लोगों में मसले पर दिलचस्पी जागी और बड़ी बहस उठ खड़ी हुई। सोशल मीडिया पर चर्चा ने विशेष रूप से ज़ोर पकड़ा। सोशल मीडिया पर एकबारगी वैसी भावनाओं का एक सैलाब सा उमड़ उठा जिन्हें 'आधार-विरोधी' होने का लकब दिया जाता रहा है। सात साल में पहली बार दिखा कि आधार के समर्थकों ने अपने पक्ष में जो महीन कहानी बुन रखी है उस पर से उनका नियंत्रण ख़त्म हो रहा है। आधार को लेकर जनसाधारण के बीच कायम की गई सहमति एकबारगी हाथ से फिसलती जान पड़ने लगी। इसी वक़्त ट्विटर पर कुछ अनाम ट्रोल नमूदार हुए। इन ट्रोल्स ने एंटी-आधार (आधार-विरोधी) हैंडिल को निशाना बनाना शुरू किया। लेकिन जल्दी ही इन ट्रोल्स की पहचान उजागर हो गई। ये ट्रोल्स आईस्पिरिट (ISPIRIT) के सदस्य थे। आईस्पिरिट सॉफ्टवेयर स्टार्ट-

अप्स को बढ़ावा देने वाला एक संघ है और इसमें यूआईडीएआई के कई प्रमुख सदस्य शामिल हैं। जिन ट्रोल्स की पहचान उजागर हुई थी उनमें एक ट्रोल तो दरअसल आईस्पिरिट का मुखिया निकला।

ट्विटर पर चली बदसूरत जंग का सबसे उल्लेखनीय पहलू यह रहा कि उससे एक अन्दाज़ा मिला कि आईस्पिरिट सरीखे व्यावसायिक हितों का किस हद तक आधार परियोजना में निवेश है। अगर ऐसा नहीं है तो फिर आधार परियोजना के संस्थापक के साथ क़रीबी रिश्ते वाला व्यक्ति उद्योग-जगत में बनी अपनी साख और धाक को क्योंकर दाँव पर लगाएगा ? आधार परियोजना को सामाजिक-कल्याण का मुखौटा पहनाकर पेश किया गया था लेकिन यह मुखौटा अब उतर गया है तो कुछ व्यावसायिक हित-समूहों ने सुप्रीम कोर्ट में अर्जी (2018) लगाई है कि आधार परियोजना को जीवित रखा जाए ताकि हमारे व्यावसायिक हितों की रक्षा हो सके।

इसी तरह, एक स्वतंत्र शोध-संस्थान सेंटर फॉर इंटरनेट एंड सोसायटी (सीआईएस) ने साल 2017 के 'डाटा लीक्स' से ही सम्बन्धित एक रिपोर्ट प्रकाशित की। रिपोर्ट में पहले प्रकाशित हो चुकी बातों का एक तरह से सार-संकलन प्रस्तुत करते हुए आधार से जुड़ी ईको-सिस्टम के कमज़ोर होने के बाबत चेतावनी दी गई थी। सीआईएस ने एक नेक नागरिक का कर्तव्य निभाते हुए यह रिपोर्ट प्रकाशित की थी लेकिन रिपोर्ट के प्रकाशन के बाद उसे सरकारी एजेंसियों से कई क़ानूनी नोटिस भेजे गए। समय रहते आगाह करने वालों को दंडित करने की यह कोई पहली घटना नहीं थी। इस तरह की तीन घटनाएँ मंजर-ए-आम पर आ चुकी हैं (इनमें आधार ईको-सिस्टम की अलग-अलग कमज़ोरियों के बाबत ध्यान दिलाया गया था) आधार-परियोजना की कमज़ोरी बताने वाले और इसके ख़तरे से आगाह करने वाले लोगों की आवाज़ें दबाई जा रही हैं, इसके अब पर्याप्त प्रमाण सामने हैं—ऐसी घटनाओं के असर में परियोजना के ख़तरों से आगाह करने वाली आवाज़ें कम होती जा रही हैं।

पुस्तक की रूपरेखा

साल 2010 की गर्मियों में मुझसे तीन सरकारी कर्मी मिलने आए। इन लोगों ने ये समझाना चाहा कि यूआईडी, यानी आधार, सरीखी नई पहल राष्ट्रीय ग्रामीण रोज़गार गारंटी अधिनियम (नरेगा) तथा सार्वजनिक वितरण प्रणाली (पीडीएस) के भीतर से भ्रष्टाचार को ख़त्म करने का बड़ा कारगर उपाय है। पीडीएस और नरेगा पर उनके नीतिगत दस्तावेज़ों को पढ़ने के बाद मुझे बड़ी कोफ़्त हुई क्योंकि वे जिस समस्या को सुलझाने चले थे उसको समझने के मामले में वे एकदम सिफ़र थे। इसके बाद मैंने आगाह करने के स्वर में ये लिखना शुरू किया कि सिद्धान्त रूप में देखें तो यह तकनीक इन कार्यक्रमों के लिए जरा भी मददगार साबित नहीं हो सकती। अब मुझे लगता है कि वे तीन सरकारी अधिकारी शायद आधार को लेकर जनसाधारण तबके में सहमति कायम करने की कवायद के तहत ही मेरे पास आए थे। जनसम्पर्क की इस कोशिश के नतीजे एकदम उलटे निकले—मेरा ध्यान आधार परियोजना पर गया और उन अधिकारियों से हुई बातचीत का ही नतीजा है जो यह किताब आज आपके हाथों में पहुँच सकी है।

सन्दर्भ

नेशनल इंस्टीट्यूट ऑफ़ पब्लिक फाइनेंस एंड पॉलिसी (2012), ए कॉस्ट-बेनिफिट एनालिसिस ऑफ़ आधार (2012), 9 नवम्बर।

ब्रुक्स डी (2013) ह्वाट डाटा डोन्ट डू। न्यूयार्क टाइम्स, 18 फरवरी, 2013। इस लिंक पर उपलब्ध : http://www.nytimes.com/2013/02/19/opinion/brooks-what-data-cant-do.html (18 फरवरी, 2013 को देखा गया)

ब्रैन्डम, रसेल (2016), योर फोन्स बिगेस्ट वलनरेबिलिटी इज योर फिंगरप्रिन्ट, द वर्ज, 2 मई

चन्द्रशेखरन, सुमति, कुमार, शेखर एच, पटनायक, इला, परसीरा, स्मृति, पंडित, माधवी, शाह, अजय तथा राय, सुयश (2013) रेस्पॉन्स टू ए कॉस्ट-बेनेफिट एनालिसिस ऑफ़ यूआईडी, खंड 48, अंक संख्या 10, 09 मार्च

डेविस, सिमॉन (1996), ऑन कम्पेन ऑफ़ अपोजिशन टू आईडी कार्ड स्कीम, प्राइवेसी

इंटरनेशनल, इस लिंक पर उपलब्ध https://privacyinternational.org/sites/default/files/2017-12/ID%20CardSchemes.pdf.

द्रेज़, ज्याँ तथा रीतिका खेड़ा (2018), आधार्स $11 बिलियन क्वेश्चन, इकोनॉमिक टाइम्स, 7 फरवरी।

इयूबैंक्स, वर्जीनिया (2017), ऑटोमेटिक इनइक्वलिटी, हाऊ हाइटेक टूल्स प्रोफ़ाइल, पॉलिसी एंड पनिश द पुअर (न्यूयार्क : सेंट मार्टिन प्रेस)।

ग्रीनवर्ल्ड, ग्लेन (2015), ह्वाई जॉन ऑलिवर कैन नॉट फाइंड अमेरिकन्स हू नो एडवर्ड स्नोडेन्स नेम (यह स्नोडेन के बारे में नहीं है), द इंटरसेप्ट, 6 अप्रैल

कैसर, ब्रिटनी (2018), फेसबुक शुड पे इट्स 2 बिलियन यूजर्स फॉर देअर पर्सनल डाटा, फाइनेंशियल टाइम्स, 9 अप्रैल।

काजमिन, एमी (2017), ''इंडिया'ज बायोमैट्रिक आईडी स्कैन मेक साई-फाई ए रियलटी,'' फाइनेंशियल टाइम्स, 27 मार्च।

खेड़ा, रीतिका (2013), ऑन द एनआईपीएफपी रेस्पॉन्स,, इकोनॉमिक एंड पॉलिटिकल वीकली, 9 मार्च।

किशिन, रॉब (2014), बिग डाटा, न्यू इपिस्टिमॉलॉजिज् एंड पैराडाइम शिफ्ट, बिग डाटा एंड सोसायटी, अप्रैल-जून

मेटकॉफ, जैकब, केलर, एमिली एफ तथा बोएड, डेनाह (2016), पर्सपेक्टिव्स ऑन बिग डाटा, ईथिक्स, एंड सोसायटी 23 मई, इस लिंक पर उपलब्ध http://bdes.datasociety. net/council-output/perspectives-on-big-data-ethics-and-society/ 11 नवम्बर, 2017 को देखा गया।

ओ'नाइल, कैथी (2016), वीपन्स ऑफ़ मैथ डिस्ट्रक्शन, हाऊ बिग डाटा इन्क्रिजेज इनइक्वलिटी एंड थ्रेटेन्स डेमोक्रेसी (न्यूयार्क : क्राउन)।

पार्कर, इयान (2011), द आईडी मैन, न्यू यार्कर, 3 अक्टूबर

शनेइयर, ब्रूस (2015), डाटा एंड गोलिएथ, द हिडेन बैटल्स टू कलेक्ट योर डाटा एंड कंट्रोल योर वर्ल्ड (न्यूयार्क : डब्ल्यू. डब्ल्यू. नार्टन एंड कम्पनी)।

द इकोनॉमिस्ट (2011), बिल्डिंग विद बिग डाटा, 26 मई। http://www.economist.com/node/18741392/ 11 नवम्बर, 2017 को देखा गया।

द इकोनॉमिस्ट (2014), द बैकलास अगेन्स्ट बिग डाटा, 21 अप्रैल। https://www.economist. com/blogs/economist-explains/2014/04/economist-explains-10, 11 नवम्बर, 2017 को देखा गया।

द इकोनॉमिस्ट (2016), इकॉनॉमिस्ट आर प्रोन टू फैड्स एंड द लेटेस्ट इज मशीन लर्निंग, 24 नवम्बर। https://www.economist.com/news/finance-and-economics/21710800-big-data-have-led-latest-craze-economic-research-economists-are-prone, 11 नवम्बर, 2017 को देखा गया।

पार्थसारथि, सुहृत (2017), ह्वाट एक्जैक्टली इज ए मनी बिल ? द हिन्दू, 27 फरवरी
सोलोव, डेनियल (2001), प्राइवेसी एंड पावर, स्टैंडफोर्ड लॉ रिव्यू।
सोलोव, डेनियल (2008), अंडरस्टैंडिंग प्राइवेसी (कैम्ब्रिज : हार्वर्ड यूनिवर्सिटी प्रेस)।
वेरियन, हॉल (2014), न्यू ट्रिक्स फॉर इकोनॉमिट्रिक्स, जर्नल ऑफ़ इकोनॉमिक पर्सपेक्टिव्स।

1

आधार से किसका उद्धार

आधार नम्बर, यानी विशिष्ट पहचान नम्बर का मकसद उन लोगों को पहचान देना है जिनके पास पहचान-पत्र नहीं है। इस परियोजना के प्रमुख नन्दन नीलेकणी के शब्दों में इसका मकसद है, सार्वजनिक सेवाओं को बेहतर करना, लोगों को इसमें शामिल करना और जिनके पास पहचान-पत्र नहीं है, उन्हें मौका देना है। सरकारी योजनाओं के सन्दर्भ में लोगों को शामिल करने की परिभाषा और अनुभव को हम कुछ उद्धरण से समझ सकते हैं।

इसकी शुरुआत दिल्ली की अमीना की आपबीती से करते हैं। अमीना की शादीशुदा बेटी को आधार केन्द्र से इसलिए लौटा दिया गया था, क्योंकि उसके पास नामांकन के लिए पर्याप्त पहचान सम्बन्धी प्रमाण नहीं थे। उसे प्रथम श्रेणी के सरकारी अधिकारी से सर्टिफिकेट लाने की सलाह दी गई, पर वो ऐसा नहीं कर पाई। इस सबके बीच अमीना ने एक रास्ता खोज निकाला। उसने 200 रुपए घूस देकर डाकघर में अपनी बेटी का खाता खुलवाया और डाकघर के पासबुक से उसका आधार कार्ड बन गया।

अमीना की कहानी वास्तविक हालत बयाँ करती है। दरअसल, भारतीय विशिष्ट पहचान प्राधिकरण का दावा है कि आधार वित्तीय समावेशन की सुविधा देगा, क्योंकि प्राधिकरण, पंजीकरण के समय स्वतः बैंक खाता

खोलने की अनुमति देता है। अमीना के मामले में ठीक उलटा हुआ। उसने पहले खाता खोला, फिर आधार नम्बर हासिल किया। इससे साफ है कि आधार नम्बर लेने के प्रावधान—जैसे कि, किसी सरकारी अधिकारी से प्रमाण पत्र लाना—उन ग़रीबों के लिए व्यावहारिक विकल्प नहीं है, जिनके पास पहले से कोई प्रमाण नहीं।

आधार डाटाबेस में शामिल किए जाने के अलावा, क्या 'समावेशन' का मतलब एक वैध सरकारी पहचान-पत्र हासिल करने से ज़्यादा नहीं होना चाहिए? आधार परियोजना से जुड़े अधिकारी अक्सर ये दावा करते हैं कि ग़रीबों को सरकारी योजनाओं का लाभ इसलिए नहीं मिल पाता, क्योंकि उनके पास पहचान-पत्र नहीं होता। सरकारी योजनाओं के लाभ से ग़रीबों के वंचित होने के कारणों में बेशक यह एक कारण होगा, लेकिन ज़्यादातर योजनाओं में सरकार ने पहले से लाभार्थियों के लिए एक सीमा तय कर रखी है। इनमें सामाजिक सुरक्षा से जुड़ी महत्त्वपूर्ण योजनाएँ, जैसे जन वितरण प्रणाली, विधवा या वृद्धावस्था पेंशन और राष्ट्रीय स्वास्थ्य बीमा योजना शामिल है। इन योजनाओं में यह सीमा जनसंख्या में कुपोषित लोगों पर या अस्वस्थ लोगों पर आधारित नहीं है। बल्कि इसमें जनसंख्या का वह हिस्सा शामिल है, जो 'ग़रीबी रेखा' से नीचे जीवन बिताते हैं। और एक समय में, सरकारी ग़रीबी रेखा के मुताबिक, ग्रामीण इलाक़ों में रोज़ाना 26 रुपया और शहरी इलाक़ों में 32 रुपया से कम खर्च वाले ही ग़रीब हुआ करते थे। इस तरह की कठोर सीमाएँ तय कर देने से सरकारी योजनाओं के लाभ से एक बड़ा तबका वंचित रह जाता है।

आधार अधिकारियों का यह दावा भी संदिग्ध है कि इससे 'सही' लोगों को लाभ मिलेगा। इसके पीछे वजह यह है कि हमारे यहाँ तीन तरह के फ़र्ज़ी कार्ड है। पहला, 'भूतों के कार्ड' यानी ऐसे लोग जिनकी मौत हो चुकी है, पर कार्ड पर वो ज़िन्दा हैं। दूसरा, डुप्लीकेट कार्ड, जिसमें एक परिवार/सदस्य के नाम एक से ज़्यादा कार्ड आवंटित हैं। तीसरा, ग़रीबों को चिह्नित करते समय ग़लतियों के शिकार लाभार्थी, जिसमें लोग कार्ड में ग़रीब हैं, पर वास्तव में नहीं, या यह वास्तव में ग़रीब हैं, लेकिन जिनको

'ए. पी. एल.', यानी ग़रीबी रेखा से ऊपर घोषित किया गया है।

इससे साफ़ है कि आधार बायोमैट्रिक की मदद से 'भूतों' के कार्ड और 'डुप्लीकेट' कार्ड से तो मुक्ति मिलने की उम्मीद है, लेकिन उन मामलों में कुछ नहीं किया जा सकता, जिसमें ग़रीब न होते हुए भी व्यक्ति को ग़रीब दिखा दिया जाता है, क्योंकि बायोमैट्रिक और आधार नम्बर में हमारी आर्थिक स्थिति के बारे में कुछ नहीं कहा गया है।

ज़्यादा से ज़्यादा लोगों ने समावेशन के कथित उद्देश्य से शुरू की गई आधार परियोजना एक बड़े तबके को सरकारी योजनाओं के लाभ से वंचित कर सकता है। उदाहरण के लिए, आधार के साथ नरेगा के तहत मिलने वाली मज़दूरी को जोड़ने का प्रस्ताव देखिए। इसमें काम करने वाले व्यक्ति के पास जॉब कार्ड के साथ आधार नम्बर भी ज़रूरी हो जाएगा। 2012 में, कुल आबादी के पाँचवें हिस्से को ही आधार नम्बर मिल सका था। यदि नरेगा के तहत मिलने वाली मज़दूरी के भुगतान के लिए आधार नम्बर को अनिवार्य बना दिया जाएगा, तो एक बड़ी आबादी को इस योजना के तहत काम नहीं मिल सकेगा। (2013 से वास्तव में यह होने लगा, और आज तक नरेगा मज़दूरों को आधार की वजह से मज़दूरी मिलने में ठोकरें खानी पड़ रही हैं।)

यदि आधार कार्ड को अनिवार्य बनाए बगैर नरेगा के तहत मिलने वाली मज़दूरी के भुगतान के लिए बिज़नेस कॉरेस्पॉन्डेंट मॉडल का इस्तेमाल किया जाए, तो इसमें बैंक द्वारा नियुक्त कम्पनियों के ज़रिए—जिन्हें उपभोक्ता सेवा प्रदाता कहा जाता है—मज़दूरों को उनका भुगतान उनके गाँवों में ही हो जाएगा। झारखंड में ऐसा शुरू किया जा रहा है, पर यह मॉडल बहुत विश्वसनीय नहीं है। आन्ध्र प्रदेश में अन्य रूप में इस मॉडल का प्रयोग किया गया था, जिसमें पाया गया है कि इसकी तुलना में डाकघरों के ज़रिए भुगतान की निगरानी करना ज़्यादा आसान है। इसके अलावा हरियाणा में मुख्यमंत्री की अध्यक्षता में 'इलेक्ट्रॉनिक बेनिफिट ट्रांसफर' स्कीम की दिसम्बर, 2011 में की गई राज्य स्तरीय समीक्षा में कहा गया है कि बैंकों द्वारा नियुक्त कम्पनियों का काम ठीक नहीं है। कम्पनी द्वारा नियुक्त बिज़नेस

कॉरेस्पॉन्डेंट महीनों तक गाँव नहीं गए, या उनका वहाँ जाने का समय तय न होने की वजह से लोगों को परेशानी उठानी पड़ी।

अमीना की कहानी से कई बातें साफ हो जाती हैं। मसलन यदि आधार का मकसद लोगों को पहचान देना है, तो पंजीकरण की प्रक्रिया मौजूदा डाटाबेस, जैसे मतदाता पहचान-पत्र से शुरू होनी चाहिए, चाहे वह कितने ही अपूर्ण और ग़लत क्यों न हो। इसके अलावा पंजीकरण में शुरुआत से उन लोगों पर ध्यान दिया जाना चाहिए, जो इस प्रक्रिया से अब तक बाहर है। कुल मिलाकर सामाजिक कल्याण कार्यक्रमों के साथ आधार नम्बर को जोड़ना—वह चाहे अनिवार्य हो या दूसरे रूप में हो—न चाहते हुए भी, अनजाने में, ग़रीबों को उन योजनाओं के लाभ से महरूम कर देना है।

(*अमर उजाला*, 28 फरवरी, 2012)

2

आधार लोगों का अधिकार छीन रहा है?

आधार को एक ऐसी जादुई-छड़ी के रूप में पेश किया गया था, जो सामाजिक सुरक्षा योजनाओं के सुधार में मददगार होगा। वाकई, यह जादुई-छड़ी का काम कर रहा है। बस फ़र्क़ इतना ही है कि यह उन योजनाओं में मददगार होने के बजाय, उनके लिए हानिकारक साबित हो रहा है।

राज्यों से आ रही ख़बरों से पता चलता है कि आधार के तकनीक और बिजली, बायोमैट्रिक्स, इंटरनेट और सर्वर कनेक्टिविटी में परेशानी से लोगों को अपना अधिकार भी नहीं मिल पा रहा है। गुजरात में, जहाँ पॉइंट ऑफ़ सेल (पीओएस) मशीन लगाई गई है, इंटरनेट कनेक्टिविटी में दिक़्क़त आने से लोगों को राशन नहीं मिल पाता।

राजस्थान की जन वितरण प्रणाली (पीडीएस) को बुरी तरह से क्षति होने का डर है। यहाँ राष्ट्रीय खाद्य सुरक्षा अधिनियम के अधीन परिवारों का चयन पूरा नहीं हुआ था, फिर भी पीडीएस दुकानों पर आधार पर काम करने वाली पीओएस मशीन लगा दी गई। अब हर महीने राशन लेते समय जब मशीन लोगों के अँगूठे के निशान को पहचानेगी तब उन्हें राशन बिक्री की जाएगी। माना जा रहा है कि मशीन में अँगूठा लगाने से राशन की चोरी ख़त्म हो जाएगी। यह चोरी तो आधार और उँगलियों के सत्यापन से रुक

नहीं रही, लेकिन ख़बरों के अनुसार बहुत लोगों की उँगलियों का सत्यापन फेल हो रहा है।

वृद्धावस्था पेंशन योजना, जन-धन-आधार-मोबाइल (जेएएम) के पहले क़दम पर, यानी बैंक से ही लोग परेशान हैं। पहले हर महीने रु. 500 की पेंशन गाँव में ही डाकिए के हाथों से मिलती थी। आज उसके लिए बुज़ुर्गों को बैंक जाना पड़ रहा है। कई इलाक़ों में तो आने-जाने के साधन भी नहीं होते हैं। बैंक में भीड़ और काग़ज़ी प्रक्रिया से जूझना भी अलग समस्या है।

गुजरात और राजस्थान में तो यह सिस्टम कुछ ही महीने पहले लागू हुआ है, इसलिए शायद इसमें सुधार की उम्मीद है। लेकिन आन्ध्र प्रदेश में 2013 से ही पीडीएस, पेंशन और नरेगा में इसे लागू किया गया था। वहाँ के राज्य सरकार की रिपोर्ट ही बताती है कि पिछले दो साल में क़रीब 20 फ़ीसदी मौक़े पर बायोमैट्रिक सत्यापन फेल रहा है। यानी पाँच में से एक व्यक्ति के उँगली के निशानों की पुष्टि नहीं हो पा रही है। जब ऐसा होता है, तो लोगों को कहा जाता है बाद में आओ, या कुछ लोगों के लिए मोबाइल पर पासवर्ड भेजने की सुविधा रखी गई है। (हाल ही में किए गए शोध के अनुसार इन सब क़दमों के बावजूद, हर महीने लगभग 20,000 ऐसे पेंशनधारक हैं जो पेंशन लेने में असफ़ल हो जाते हैं।)

कुछ को कहा जा रहा है कि उन्हें आधार में फिर से नामांकन करवाना होगा, और जब तक यह प्रक्रिया पूरी नहीं होगी, उन्हें न राशन मिल सकता है, न पेंशन और न नरेगा मज़दूरी। इस तरह की नाकामियों को कबूल करने के बजाय—ताकि कोई हल निकाला जा सके—उन्हें मानो छिपाने की कोशिश की जा रही है।

पीडीएस में केन्द्रीय खाद्य मंत्रालय ने पिछले मई में राज्यों को दो विकल्प दिए थे, राशन की जगह नकद दो या आधार पीओएस मशीन लगाओ। सवाल यह उठता है कि राज्य इस तरह की बिना भरोसे की तकनीक को बिना जाँच किए, इतनी हड़बड़ी में क्यों लागू कर रहे हैं?

एक और वजह यह भी हो सकती है कि आधार-पीओएस मशीन से

'बोगस' कार्ड पहचाने जा सकते हैं। प्रेस इन्फ़ॉर्मेशन ब्यूरो (पीआईबी) की 26 अप्रैल की एक प्रेस विज्ञप्ति में कहा गया कि 66 लाख बोगस कार्ड डिजिटाइज़ेशन की प्रक्रिया से काटे गए हैं। जबकि दो हफ़्ते बाद 10 मई को ही प्रधानमंत्री की समीक्षा बैठक के बाद की विज्ञप्ति में काटे गए कार्डों की संख्या 1.6 करोड़ तक पहुँच गई और दावा किया गया की यह आधार की वजह से था, डिजिटाइज़ेशन से नहीं। हो सकता है कि खाद्य मंत्रालय ने दो हफ़्तों में अपने आँकड़े अपडेट किए हों। लेकिन इससे अधिक सम्भावना है कि 1.6 करोड़ का आँकड़ा पिछले 3 साल में कटे कार्डों का है। यह इसलिए कि 8 दिसम्बर, 2015 की प्रेस विज्ञप्ति में पिछले 3 सालों में कटे 'बोगस/अपात्र' कार्डों की संख्या 1.2 करोड़ आई थी।

दूसरी बात, प्रेस विज्ञप्ति में 'बोगस/अपात्र' का इस्तेमाल किया गया है, लेकिन दोनों बार हेडलाइन में 'अपात्र' शब्द को हटा दिया गया। यह अन्तर महत्त्वपूर्ण है क्योंकि 'बोगस' कार्ड काटने में आधार की भूमिका हो सकती है, लेकिन खाद्य सुरक्षा क़ानून के अन्तर्गत 'अपात्र' परिवारों की पहचान में आधार की कोई भूमिका नहीं।

तीसरी बात, विज्ञप्ति में ज़्यादातर राज्य, परिवारों की संख्या बताते हैं, लेकिन पश्चिम बंगाल ने व्यक्तियों की संख्या बताई है। काटे गए 1.6 करोड़ कार्डों में से 62 लाख बंगाल के हैं यानी काटे गए परिवारों की संख्या ग़लत तरीक़े से बढ़ा दी गई है।

आख़िरी बात, 2013 में खाद्य सुरक्षा अधिनियम के लागू होने के बाद, राज्यों ने नए सिरे से राशन कार्ड सूची बनाने की प्रक्रिया शुरू की, जिसमें पुराने डुप्लीकेट, बोगस कार्ड काटे जा रहे हैं। हो सकता है कि कार्डों की संख्या में जो बदलाव है, वो इस सूची बनाने की प्रक्रिया की वजह से हो न कि आधार या डिजिटाइज़ेशन की वजह से।

लेकिन सरकार 'जेएएम' के 'ए' (आधार) को सफल दिखाने के लिए इतनी उत्सुक है कि कोई सवाल ही नहीं पूछ रहा है। मंत्रालय में जिन्हें असलियत पता है, वो कुछ नहीं बोल रहे, क्योंकि पीएमओ से सफलता दिखाने का आदेश है।

डायरेक्ट बेनिफिट ट्रांसफर (डीबीटी) और आधार पर चर्चा का एक गम्भीर पहलू है इस पर किया जा रहा 'प्रोपगैंडा'।

यूपीए-2 में राजस्थान में कांग्रेस की सरकार ने मिट्टी के तेल (केरोसिन) में डीबीटी को पायलट प्रोजेक्ट के तौर पर शुरू किया था। इसमें जब केरोसिन की बिक्री में 80 प्रतिशत की गिरावट आई तो सरकार ने दावा किया कि डीबीटी से केरोसिन की कालाबाज़ारी ख़त्म हो गई है। फिर पता चला कि गिरावट के दो कारण थे : लोगों के खाते नहीं खुले थे इसलिए उन्हें सब्सिडी नहीं मिली और उन्होंने केरोसिन ख़रीदना छोड़ दिया।

इसी तरह इस सरकार में भी प्रचार-प्रसार के भरोसे काम किया जा रहा है। तीन साल से चल रहे, एलपीजी में डीबीटी, आधार, गिव इट अप, से बचत का कोई भरोसेमन्द अनुमान नहीं है। लेकिन सारे लाभ (चाहे जितना भी हो), बिना किसी सबूत के, आधार की झोली में डाल दिए जाते हैं।

जुलाई 2015 में मुख्य आर्थिक सलाहकार अरविन्द सुब्रह्मण्यम और सिद्धार्थ जॉर्ज ने लिखा कि इसकी वजह से दो अरब डॉलर की बचत हुई। जब तीन अख़बारों ने सवाल उठाए तो उन्हें स्पष्टीकरण देना पड़ा कि वे 'वास्तविक' बचत की बात नहीं कर रहे थे, केवल 'सम्भावित' बचत का अनुमान दे रहे थे। साथ ही यह भी माना कि बचत में आधार-डीबीटी के अलावा बाज़ारी भाव की भी भूमिका है। इस स्पष्टीकरण के बावजूद, सरकारी विज्ञप्तियाँ और नीति आयोग भी, 'सम्भावित' बचत को हमेशा 'वास्तविक' बचत की तरह प्रस्तुत करते हैं।

विश्व बैंक भी पीछे नहीं रहा। जब वर्ल्ड डेवलपमेंट रिपोर्ट 2016 लांच हुई तो चीफ़ इकोनॉमिस्ट ने कहा कि आधार से हर साल 1 अरब डॉलर की बचत हो रही है। यही नहीं, उस रिपोर्ट में कहा गया कि आधार को और योजनाओं में लाने से 11 अरब डॉलर की बचत होने की सम्भावना है। जब मैंने इस अनुमान की परख के लिए दस्तावेज़ खोजे तो पाया कि उनमें केवल इतना ही लिखा है कि भारत सरकार का कल्याणकारी योजनाओं पर बजट 11 अरब डॉलर है। विश्व बैंक ने 'बचत' की नई परिभाषा दी है, जिसमें सारे बजट ही ख़त्म कर देने को 'बचत' कहा गया है।

अब सीएजी की रिपोर्ट आई है, जिसमें उन्होंने कहा है कि एलपीजी-डीबीटी की वजह से केवल 2000 करोड़ रुपए बचे हैं न कि 12,000 करोड़ रुपए और बचत क़ीमतों की गिरावट से हुई है। सरकार ने इस रिपोर्ट को नकार दिया है।

आधार और सामाजिक सुरक्षा को छोड़ दें, तो भी इससे हम सब का सरोकार है। सरकारें प्रोपगैंडा का इस्तेमाल हमेशा से करती आ रही हैं, इसमें कोई हैरानी की बात नहीं है। लेकिन सूचना के सब स्रोत अगर सरकारी प्रोपगैंडा ही फैलाने लगे, तो इससे सभी को नुकसान है। सरकार को, लोगों को और लोकतांत्रिक प्रक्रिया को।

(*बी.बी.सी हिन्दी*, 27 जुलाई, 2016)

3

जीवन के अधिकार पर प्रहार

पिछले हफ़्ते, जब उच्चतम न्यायालय में 'राइट टू प्राइवेसी', यानी, निजता के अधिकार पर सुनवाई चल रही थी, तब सरकारी वकील श्री के.के. वेणुगोपाल ने पीठ पर बैठे नौ जजों से कहा कि 'जीवन का अधिकार', 'निजता के अधिकार' से ऊपर है, और चूँकि आधार जीवन के अधिकार को सार्थक बनाने के लिए ज़रूरी है, इसलिए आधार प्रोजेक्ट को चलने देना चाहिए बावजूद इसके कि शायद कहीं और कभी-कभी उससे निजता के अधिकार को हानि हो। उनका दावा यह था कि दोनों हकों के बीच लेन-देन की ज़रूरत है।

हालाँकि निजता के अधिकार पर विचार कर रही 9 जजों की पीठ आधार पर विचार नहीं कर रही, सरकारी वकील, श्री वेणुगोपाल, का सुप्रीम कोर्ट में दावा यह था कि आधार की वजह से रोज़गार गारंटी क़ानून (नरेगा), पेंशन और राशन की व्यवस्था चल रही, और पहले से बेहतर चल रही है। उनके इस कथन से वो सभी हैरान हैं जिनका किसी भी तरीक़े से, जन वितरण प्रणाली, नरेगा या वृद्धावस्था-विधवा पेंशन से कोई भी वास्ता हो।

उनकी यह बात सही है कि राशन, पेंशन और नरेगा हज़ारों लोगों के जीवन के अधिकार को कायम रखने में मदद करता है, जीवन-रेखा का

काम करता है। सरकार की तरफ़ से ऐसा बयान आया है, यह सराहनीय बात है। हैरानी इस बात से है कि जिस आधार की वजह से इन योजनाओं के क्रियान्वयन में बाधा आ रही है और करोड़ों लोगों का नुकसान हो रहा है, उसी आधार योजना को वास्तविकता के बिलकुल विपरीत कोर्ट में 9 जजों के सामने, कहा गया कि वह मददगार है!

सरकार के ख़ुद के आँकड़ों के अनुसार, जन वितरण प्रणाली में आधार जोड़ने से लाखों परिवारों का राशन रुक गया है। उदाहरण के तौर पर, 2017 में जब से राजस्थान में राशन उठाने के लिए आधार को अनिवार्य बना दिया गया, 33 लाख परिवार, जो पहले राशन उठा रहे थे, अब वो नहीं ले पा रहे हैं। बिलकुल इसी तरह, झारखंड के खाद्य विभाग के अनुसार, हर महीने 25 लाख लोग आधार लगने के बाद राशन से वंचित रह जाते हैं। कहीं बिजली नहीं, तो कहीं टावर नहीं, तो कहीं अँगूठा मैच नहीं हो रहा, इत्यादि।

कुछ लोगों का मानना है कि यह सब शुरुआती दौर की दिक़्क़तें हैं, जो धीरे-धीरे ठीक हो जाएँगी। लेकिन जिन क्षेत्रों में (जैसे कि राँची ज़िला) यह एक साल से लागू है, वहाँ भी छूटे हुए परिवारों की संख्या काफ़ी है। उदाहरण के लिए, जून 2017 में राँची में केवल 67 प्रतिशत परिवार आधार प्रणाली के तहत अनाज ले पाए, बाक़ी नहीं।

आधार से नुकसान केवल जन वितरण प्रणाली में ही नहीं, अन्य कल्याणकारी योजनाओं में भी हो रहा है। नरेगा और पेंशन में भी लोग चुपचाप सह रहे हैं। बूढ़ों की पेंशन रुक गई है, और उन्हें पता भी नहीं क्यों। बैंक से पूछने पर पता चला कि आधार नम्बर लिंक नहीं था, लेकिन किसी ने उस बूढ़े को बताया तक नहीं कि उसे आधार नम्बर देने की ज़रूरत है। कहीं आधार नम्बर ग़लत डाल दिया, तो पेंशन या मज़दूरी रुक गई, और कहीं सब भागा-दौड़ी करने के बाद, मशीन अँगूठा नहीं उठा रही, यह दिक़्क़त आ रही है।

दुख की बात यह है कि सरकार इस कैन्सर को रोकने के बजाय, और फैलाने की कोशिशों में लगी है। अब उनकी मंशा है कि इसे बच्चों की

योजनाओं में (जैसे कि, मध्याह्न भोजन, स्कॉलरशिप, आँगनबाड़ी इत्यादि) लागू कर दिया जाए। मध्याह्न भोजन में कहीं भी मज़बूत तथ्य सामने नहीं आए जिससे स्थापित होता हो कि बड़े पैमाने पर हाज़िरी बढ़ाकर पैसों को ऐंठा जा रहा है। मध्याह्न भोजन में और तरह की दिक़्क़तें हैं—जैसे कि खाने की गुणवत्ता, बीच-बीच में रुकावट, इत्यादि—लेकिन यह त्रुटियाँ आधार जोड़ने से नहीं ठीक हो सकतीं।

झारखंड के आवासीय स्कूलों में, जहाँ बायोमैट्रिक हाज़िरी लागू हो गई है, दिख रहा है कि जितने बच्चे वास्तव में उपस्थित थे उससे कम बच्चों की हाज़िरी बायोमैट्रिक पोर्टल पर दर्ज हो पा रही थी! यदि यह व्यापक दिक़्क़त है और भविष्य में सरकार आवंटन ऑनलाइन उपस्थिति के अनुसार देने लगेगी तो बच्चों का और नुकसान होगा।

वास्तविकता तो यह है कि आधार पर सबका ध्यान केन्द्रित करके, सरकार अपनी असली ज़िम्मेदारी से मुकरने की कोशिश कर रही है, और इन योजनाओं में जो असली मुद्दे हैं—जैसे कि जन वितरण प्रणाली में दाल-तेल शामिल करने की माँग, मध्याह्न भोजन में अंडा और अन्य पौष्टिक खाना, नरेगा में समय पर मज़दूरी का भुगतान, वृद्धावस्था-विधवा पेंशन में केन्द्रीय योगदान को रु. 200 प्रति महीने से बढ़ाना—उनसे बचने में लगी हुई है।

नौ जजों की पीठ को चाहिए कि वह ज़मीन पर आधार से नुकसान को पहचानते हुए, सरकार को आदेश दे कि वह ऐसे सारे नोटिफिकेशन वापस ले जिनके द्वारा आधार को इन योजनाओं में अनिवार्य बनाया जा रहा है, ताकि ग़रीबों का जीने का अधिकार कायम रहे। यह पहचानने का समय आ गया है कि आधार से न सिर्फ़ निजता के अधिकार, साथ थी जीवन के अधिकार की भी हानि हो रही है।

(*प्रभात ख़बर*, 2 अगस्त, 2017)

4

आधार को मध्याह्न भोजन से जोड़ने पर नुकसान के सिवा कुछ हासिल नहीं होगा

28 फरवरी, 2017 को मानव संसाधन विकास मंत्रालय ने आधार अधिनियम के अनुच्छेद 7 को लागू करते हुए 'मिड-डे-मील' से जुड़ी एक अधिसूचना जारी की। इसमें कहा गया कि 'कोई भी व्यक्ति जो इस योजना का लाभ उठाना चाहता है, उसे आधार कार्ड होने का प्रमाण देना होगा। वैसे लोग जिनके पास आधार नम्बर नहीं है या जिन्होंने अब तक आधार कार्ड के लिए नामांकन नहीं कराया है, उन्हें आधार सूची में नामांकन के लिए 30 जून, 2017 तक आवेदन करना होगा।' अधिसूचना में इससे आगे कहा गया है कि 'उस समय तक, जब तक लाभार्थियों को आधार नम्बर नहीं दे दिया जाए, उन्हें पूर्व में मिल रहे लाभ मिलते रहेंगे, लेकिन इसके लिए शर्त ये है कि वे कुछ दस्तावेज़ पेश करें।'

उन्हें तीन दस्तावेज़ पेश करने होंगे :

1. (ए) आधार नामांकन पर्ची या (बी) आधार नामांकन के लिए आवेदन की प्रति।
2. माता-पिता या अभिभावक को यह शपथ लेनी होगी कि उनके बच्चे का नामांकन किसी दूसरे स्कूल में नहीं है।

   और

3. सात पहचान दस्तावेज़ों में से कोई एक।

यानी अधिसूचना के मुताबिक, अगर किसी बच्चे का नामांकन आधार के लिए नहीं कराया गया है तो उसे मिड-डे मील पाने के योग्य बने रहने के लिए अपनी आधार नामांकन पर्ची के अलावा दो अन्य तरह के दस्तावेज़ भी पेश करने होंगे।

इन बेहद कठोर नियमों पर सवाल खड़े होने के मद्देनज़र, एक सप्ताह के बाद प्रेस विज्ञप्ति निकालकर आधार डाटाबेस में बच्चों के ज़बरदस्ती नामांकन के प्रावधान को बदलकर 'स्वैच्छिक' प्रकृति का कर दिया गया। उसमें कहा गया,

> 'यह सुनिश्चित किया गया है कि आधार न होने के कारण किसी को भी लाभ से वंचित न किया जाए। मिड-डे मील योजना में और समन्वित बाल विकास योजना (इंटीग्रेटेड चाइल्ड डेवलपमेंट स्कीम), विद्यालयों और आँगनबाड़ियों को लाभार्थियों का आधार नम्बर इकट्ठा करने के लिए कहा गया है और वैसे मामलों में जिनमें किसी बच्चे के पास आधार नहीं है, अधिकारियों को आधार नामांकन सुविधा उपलब्ध कराना होगा और जब तक ऐसा न हो लाभार्थियों को मिल रहे लाभ जारी रहेंगे।'

साफ़ है, नियमों में किसी क़िस्म की ढील नहीं दी गई है, बस सुर्खियों का प्रबन्धन किया गया, 'सरकार ने आधार नियमों में ढील दी, दूसरे पहचान-पत्रों को सब्सिडी योजना के लिए स्वीकार्य बनाया।'

कई लोग मीडिया मैनेजमेंट की इस पुरानी चाल में फँस गए। उदाहरण के लिए, राज्यसभा में जयराम रमेश (इस चाल को उनसे बेहतर कौन जान सकता है। ज़्यादा वक़्त नहीं बीता जब वे सरकार में थे और उनकी सरकार भी इस तरह की चालें चला करती थी।) ने कहा—

> 'सरकार के पक्ष से यह कहना एक आपराधिक कृत्य था कि रोज़ मिड-डे मील पाने वाले 14 करोड़ बच्चों को आधार कार्ड उपलब्ध कराने पर ही भोजन कराया जाएगा जब सरकार के इस क़दम पर राजनीतिक दलों ने हंगामा खड़ा किया तब कहीं जाकर मानव

संसाधन विकास मंत्री ने सफ़ाई दी कि यह स्वैच्छिक है। इसके लिए वैकल्पिक पहचान-पत्र स्वीकार किए जाएँगे।'

जबकि हक़ीक़त यह है कि 28 फरवरी, 2017 को जारी की गई अधिसूचना आज भी जस का तस प्रभाव में है और बच्चों को इससे किसी क़िस्म की राहत नहीं मिली है।

दो कारणों से आधार को मिड-डे मील से जोड़ने का यह क़दम सवाल खड़े करता है। पहली बात, अपने मौजूदा रूप में बच्चों को ज़बरदस्ती नामांकन करने के लिए बाध्य करने का मतलब है कि पूरी ज़िन्दगी उन पर निगरानी रखी जा सकती है (वह भी उनकी रज़ामन्दी के बग़ैर, क्योंकि अभी वे नाबालिग हैं।) और भविष्य में उनके पास बाद के जीवन में आधार से बाहर निकलने का विकल्प भी नहीं रहेगा (अधिनियम में ऐसा कोई प्रावधान ही नहीं है।) कई अभिभावकों ने ट्वीट किया है कि किस तरह उन्हें उनके बच्चे को आधार के लिए नामांकन कराने के लिए बाध्य किया गया।

दूसरी बात, मिड-डे मील योजना में आधार की कोई भूमिका नहीं है। सरकारी अधिसूचना कहती है कि सरकार सिर्फ़ बच्चों का आधार के लिए नामांकन कराना चाहती है। यानी इस क़दम से विद्यालय पोषाहार कार्यक्रम को बेहतर बनाने में कोई मदद नहीं मिलेगी।

वो बच्चे जो सरकारी स्कूलों में मिड-डे मील लेते हैं, वे वहाँ पहले से ही नामांकित हैं और वे बिना किसी अतिरिक्त प्रमाण के इसे पाने का हक़ रखते हैं। इस तरह देखें, तो आधार के पक्ष में जहाँ यह तर्क दिया जाता है कि यह पहुँच को बाधा-मुक्त बनाने वाला औज़ार है, उसके उलट यह वास्तव में पहुँच की राह में अवरोध उत्पन्न कर रहा है।

जहाँ तक नामांकन के लिए दबाव बनाने का सवाल है, तो इसके परिणाम भी बेहद अवरोधपरक साबित हो सकते हैं—यह न केवल मिड-डे मील कार्यक्रम को पटरी से उतार सकता है बल्कि स्कूलों में शिक्षा सम्बन्धी गतिविधियों को भी नुकसान पहुँचा सकता है।

शिक्षकों और पहले से ही काम का काफ़ी दबाव झेल रहे स्कूल

प्रशासन को अलग से आधार नामांकन के लिए व्यवस्था करनी होगी। एक बार यह काम कर लिया जाए तो पूरी व्यवस्था में आधार के हिसाब से बदलाव लाना होगा, जिससे समय की काफ़ी बर्बादी होगी।

ठीक यही स्थिति नरेगा और पीडीएस (जन वितरण प्रणाली) को लेकर पैदा हुई है, जहाँ कार्यक्रम से जुड़े कर्मचारी आधार के बोझ के कारण अपने रोज़ के कामों को अंजाम देने में दिक़्क़त महसूस कर रहे हैं। इसने कई जगहों पर नरेगा के कार्यों पर ब्रेक भी लगा दिया है।

अगर सरकार की योजना यह है कि सभी बच्चों का (जबरदस्ती) आधार के लिए नामांकन कराने के बाद, भोजन परोसने से पहले, उनका बायोमैट्रिक सत्यापन करने की दिशा में क़दम बढ़ाया जाएगा, तो ज़ाहिर है यह क़दम मिड-डे मील कार्यक्रम को नुकसान पहुँचाएगा। पेंशन, पीडीएस और मनरेगा में आधार के एप्लिकेशन ने यह दिखाया है कि इस तकनीक की असफलता की आशंका काफ़ी ज़्यादा है।

उदाहरण के लिए, ऐसा भी देखने में आया है कि आधार कार्ड में व्यक्ति की जानकारी को ग़लत तरीक़े से दर्ज किया गया है, जिसका परिणाम यह हुआ है कि साधारण लोगों को इसे ठीक कराने के लिए ब्लॉक मुख्यालयों तक भाग-दौड़ करनी पड़ी है और रिकॉर्ड को दुरुस्त कराने के लिए उन्हें हफ़्तों का इन्तज़ार करना पड़ा है। वहाँ, बिचौलिये सुधार करवाने के लिए उनसे पैसा माँगते हैं।

सत्यापन के समय, यूआईडीएआई की तरफ़ से पचास आइटमों की एरर कोड सूची उत्पन्न होती है। यह भी हो सकता है कि किसी व्यक्ति के उँगलियों के निशान ही बदल जाए या सत्यापन यंत्र द्वारा उन्हें पहचान पाना सम्भव ही न रहे या यह भी हो सकता है कि फ़ोन नेटवर्क या इंटरनेट काम न करे। कोई भी जीवन रक्षक अधिकारों को, जैसे—राशन, पेंशन, स्कॉलरशिप आदि को इतनी कमज़ोर व्यवस्था के भरोसे नहीं छोड़ सकता।

निश्चित तौर पर सबसे पहले यह सवाल उठता है कि आख़िर सरकार बायोमैट्रिक सत्यापन के ज़रिये किस समस्या का समाधान करना चाह रही है। इसके पक्ष में एकमात्र तर्क है, दैनिक हाज़िरी में हेर-फेर करके की जाने

वाली वृद्धि हो सकता है : यानी, कुछ बच्चों की हाज़िरी तब भी दर्ज करना, जब वे स्कूल से ग़ैरहाज़िर हों। अगर इस तरह से वास्तविक से ज़्यादा हाज़िरी लगती हो तो अनुभवों के आधार पर कहें, तो इसके दो कारण हो सकते हैं—एक, आधिकारिक दैनिक आवंटन मेन्यू के आधार पर भोजन उपलब्ध कराने से हिसाब से अपर्याप्त हो। उदाहरण के लिए वर्तमान में प्रति छात्र दैनिक आवंटन लगभग पाँच रुपए है और ऐसे दिनों में जब मिड-डे मील में अंडे के साथ चावल और दाल दिए जाने की अपेक्षा की जाती है, यह आवंटन नाकाफ़ी होता है।

इस कमी की भरपाई, जहाँ भी सम्भव हो, ज़्यादा हाज़िरी दिखाकर की जाती है। (जब ऐसा नहीं होता है, तब शिक्षक कम क़ीमत पर वस्तुओं की ख़रीद करने के लिए काफ़ी मोल-भाव करते हैं और कई मामलों में तो ऐसा भी देखा गया है कि इसके लिए समुदायों की मदद ली जाती है।)

मिड-डे मील का फंड बढ़ाने की जगह, सरकार सिस्टम को और कस रही है। उदाहरण के लिए 7 अगस्त, 2015 केन्द्र सरकार ने मिड-डे मील के लिए स्कूलों को दी जाने वाली एलपीजी सब्सिडी समाप्त कर दी। क्या सरकारी स्कूलों में पढ़ रहे बच्चों से बेहतर कोई और एलपीजी सब्सिडी का लाभार्थी हो सकता था?

हाज़िरी को बढ़ाकर दिखाने का एक दूसरा कारण फंड के साथ हेरा-फेरी करना है। ऐसे मामलों में प्रशासकों (शिक्षक, आयोजनकर्ता, रसोइये और सहायक) के द्वारा झूठा रिकॉर्ड बनाया जाता है। इस तरह से अगर सज़ा देनी है तो इन्हें दी जानी चाहिए, न कि बच्चों को। बायोमैट्रिक सत्यापन की शुरुआत करने का अंजाम निर्दोष छात्रों को सज़ा देना होगा।

अगर हाज़िरी में फर्जीवाड़ा वास्तव में होता है तो इसके निदान के दूसरे आसान और बेहतर समाधान हैं। जैसे—शिक्षक हर दिन छात्रों की संख्या एसएमएस कर सकते हैं और ब्लॉक ऑफ़िस बिना बताए इन संख्याओं का सत्यापन कर सकता है।

मिड-डे मील भारत की सबसे सफल सामाजिक नीतियों में से एक है, जिससे होने वाले लाभों का विस्तार काफ़ी ज़्यादा है, ख़ासकर स्कूल में

बच्चों की हाज़िरी, बाल पोषण, शिक्षण आदि में। मिड-डे मील से जुड़ी हुई सबसे अहम समस्याओं (बेहतर मेन्यू, सुरक्षित भंडारण मुहैया कराना, खाना पकाने के लिए उपयुक्त स्थान प्रदान करना, फंड को सही समय पर निर्गत करना, आदि) का समाधान आधार-लिंकेज से नहीं किया जा सकता। मिड-डे मील को लेकर सरकारी अधिसूचना हमारी पहले से ही कमज़ोर स्कूली प्रणाली को और ठेस पहुँचा सकती है।

5

सामाजिक सुरक्षा योजनाएँ भ्रष्टाचार और आधार

ऐसा माना जाता है कि ग्रामीण रोज़गार योजना (नरेगा), जन वितरण प्रणाली (पीडीएस), सामाजिक सुरक्षा पेंशन जैसी कल्याणकारी योजनाओं में आधार के ज़रिए बायोमैट्रिक सत्यापन का प्रयोग इन्हें बेहतर बनाने के लिए ज़रूरी है। यह एक ग़लत धारणा है और इस लेख में इस ग़लत धारणा को ठीक करने की कोशिश की गई है।

हम पिछले एक दशक से इन कार्यक्रमों का अध्ययन कर रहे हैं। हमने यह जानने की कोशिश की है कि इनमें ख़ामियाँ कहाँ हैं और सरकारी स्तर पर इन्हें सुधारने की क्या कोशिशें हो रही हैं। निष्कर्ष इंगित करते हैं कि यूपीए-2 सरकार ने आधार की उपयोगिता को बढ़ा-चढ़ा कर पेश किया। इसका एक कारण यह हो सकता है कि मनरेगा और जन वितरण प्रणाली में भ्रष्टाचार की प्रक्रिया की समझ का अभाव।

एक बात तो यह है कि सैद्धान्तिक तौर पर भी, आधार सत्यापन की तकनीक से कल्याणकारी योजनाओं की बहुत सीमित बेहतरी ही हो सकती है। मसलन, पीडीएस में लीकेज का मुख्य स्रोत 'मात्रा की धोखाधड़ी' है, यानी राशन दुकान से कोई अपने मासिक कोटे को ख़रीदने जाता है, तो

उससे पूरे कोटे की पावती पर हस्ताक्षर करवा लिया जाता है, जबकि उसे कम अनाज मिलता है। ऐसे में लोगों के पास शिकायत निवारण के लिए कहीं और जाने का विकल्प नहीं होता। हस्ताक्षर की प्रक्रिया को मशीन में आधार सत्यापन से बदल देने से इस समस्या का हल नहीं होगा।

दूसरी बात यह है कि व्यावहारिक स्तर पर जहाँ आधार सत्यापन को लागू किया गया है, वहाँ इसके असफल होने की आशंकाएँ सही साबित हुई हैं। ऐसा कई तरह से हो रहा है—आधार संख्या को ग़लत तरीक़े से दर्ज कर लोगों को इसे सुधारने के लिए प्रखंड मुख्यालय जाने के लिए मजबूर किया जा रहा है, जहाँ वे सही जानकारी शामिल करा सकें। दस्तावेज़ों में सुधार के लिए उन्हें कुछ सप्ताह तक इन्तज़ार करना पड़ता है। या फिर उँगलियों के निशान बदल जाते हैं या मशीन उन्हें पहचानने से इनकार करती है, या सर्वर डाउन होता है या फिर फ़ोन या इंटरनेट की सेवा बाधित होती है। इनमें से एक भी दिक़्क़त होने से लाभार्थी को अपने हक़ का राशन नहीं मिलता। जीवन-रक्षा से जुड़े अधिकारों (राशन, पेंशन, छात्रवृत्ति आदि) को ऐसे कमज़ोर तंत्र के सहारे छोड़ देना सही नहीं है।

तीसरा बिन्दु है कि सरकारें भ्रष्टाचार रोकने के लिए अन्य तकनीक का अच्छा इस्तेमाल कर रही हैं। कंप्यूटरीकरण, एसएमएस अलर्ट, आधिकारिक दस्तावेज़ों को ऑनलाइन उपलब्ध कराना, शिकायत निवारण के लिए नि:शुल्क फ़ोन नम्बर जैसी तकनीकों से हम बिहार, छत्तीसगढ़ और ओडिशा को उनके पीडीएस में राशन की चोरी की दर को क्रमश: 90, 75 और 50 फीसदी से घटाकर 10-20 फीसदी के क़रीब लाने में कामयाब हुए हैं। यह बेहतरी आधार सत्यापन के लागू होने से पहले 2004-05 और 2011-12 के बीच में दर्ज की गई थी। दुखद यह है कि आधार की तरह इन तकनीकों का कोई ब्रांड एंबेसडर नहीं है, इसलिए उनकी अवहेलना होती है।

यह आम धारणा है कि आधार ने हज़ारों करोड़ रुपए बचाए हैं, लेकिन वास्तविकता यह है कि इस बात के पक्ष में बहुत ही कम सबूत हैं। रसोई गैस सब्सिडी में बचत को सबसे अधिक प्रचारित किया गया है। मुख्य लेखा परीक्षक (CAG) ने पाया कि रसोई गैस में बचत का 92 फीसदी

हिस्सा अन्तरराष्ट्रीय बाज़ार में मूल्यों में गिरावट का नतीजा है, न कि आधार का। लेकिन सरकार अब भी बचत के आधारहीन आँकड़े बताती है।

जब सरकार का ख़र्च कम होता है, तो वह उसे 'बचत' का नाम देती है। कमी को दो तरह से हासिल किया जा सकता है—एक, बेनामी या दोहरे लाभार्थियों को हटाकर, और दूसरा, उचित हक़दारों की संख्या को घटाकर। सरकार दोनों बातों—सक्षमता और संख्या घटने—को बचत के रूप में देखती है। मसलन, जब राजस्थान में वृद्धावस्था पेंशन के जीवित हक़दारों को 'ग़लती से' मृत मान लिया गया, तो ख़र्च कम हो गया, और इसे आधार लागू करने से हुई बचत के रूप में बता दिया गया, आधार की सफलता के प्रमाण के रूप में दर्शाया गया। इसी तरह से लाभार्थियों की संख्या कम होने को भी बचत की श्रेणी में डाल दिया गया।

(*प्रभात ख़बर*, 29 मार्च, 2017)

6

सुशासन और टेक्नोलॉजी

सर्वोच्च न्यायालय के मार्च 2018 के अन्तरिम आदेश ने, बैंक और मोबाइल को आधार से मुक्ति प्रदान की है। दुख की बात है कि देश की सबसे कमज़ोर जनता को उस ऑर्डर ने आधार से मुक्ति नहीं दी : आधार को जन वितरण प्रणाली (PDS) से हटाने का आदेश नहीं दिया गया।

खाद्य सुरक्षा क़ानून 2013 में पारित हुआ और उसमें एक बड़ी (लेकिन अधूरी) जीत यह थी कि देश की दो-तिहाई जनता को जन वितरण प्रणाली में शामिल करने का निर्णय लिया। ऐसा करने से उन सब परिवारों को राहत मिली जो सस्ते अनाज के हक़ से वंचित थे।

2016 में हमने 6 राज्यों में PDS का सर्वे किया—बिहार, छत्तीसगढ़, झारखंड, मध्य प्रदेश, ओडिशा और पश्चिम बंगाल। सर्वे के परिणामों के अनुसार इन राज्यों में खाद्य सुरक्षा क़ानून लागू किया गया, नए कार्ड बँट चुके थे और पात्र परिवारों को सस्ते दाम पर गेहूँ-चावल मिलना शुरू हो चुका था। अनाज की चोरी में छतिसगढ़ और ओडिषा जैसे राज्यों में तो पहले से ही सुधार आ चुका था, लेकिन 2016 के सर्वे के अनुसार बाक़ी चार राज्यों में भी काफ़ी सुधार दिखा।

उस सर्वेक्षण के तुरन्त बाद, आधार को PDS से जोड़ने की प्रक्रिया शुरू की गई। 2017 तक, झारखंड में आधार को PDS में पूरी तरह से लागू

कर दिया गया। जून 2017 में हमने ग्रामीण झारखंड के 900 परिवारों का सर्वे किया : हमने पाया कि राशन कार्ड में नाम जुड़वाने के लिए और हर महीने राशन ख़रीदते समय—आधार के बिना काम नहीं होता। यदि राज्य में प्रशासनिक व्यस्वस्था ठीक होती तो अलग बात होती, लेकिन नाम जुड़वाने जैसे मूल काम के लिए भी मैनपावर कम है।

झारखंड में हर महीने PDS का चावल लेते समय, पाँच चीज़ों का इकट्ठा काम करना ज़रूरी हो गया है—बिजली, पॉइंट ऑफ़ सेल (POS) मशीन, इंटरनेट, सरकारी सर्वर और उँगली के निशान का सत्यापन। इनमें से एक भी फेल हो जाए तो आप राशन नहीं ले सकते। फिर ताज्जुब की बात नहीं कि सर्वे के जिन गाँवों में आधार अनिवार्य है, वहाँ अनाज न ख़रीद पाने वाले परिवारों की संख्या, उन गाँवों से पाँच गुना ज़्यादा है, जहाँ राशन ख़रीदते समय आधार सत्यापन लागू नहीं।

दूसरी ओर, इन दोनों प्रकार के गाँवों में अनाज की चोरी एक जैसी ही है—औसतन, परिवारों को अपने हिस्से का 93 प्रतिशत अनाज मिल रहा था। उँगलियों से सत्यापित करने से अनाज की चोरी में कोई फ़र्क़ नहीं आया, लेकिन लोगों की मुसीबतें बढ़ गई हैं। कभी 'टावर' नहीं तो कभी उँगलियों के निशान का सत्यापन फेल हो जाता है। आधार से लोगों का फ़ायदा कम नुकसान ज़्यादा हुआ है।

उत्तर प्रदेश को इन सर्वेक्षण में इसलिए शामिल नहीं किया क्योंकि वहाँ खाद्य सुरक्षा क़ानून पूरी तरह से लागू नहीं हुआ। वहाँ जान वितरण प्रणाली की स्थिति समझने, आगरा ज़िला के अकोला ब्लॉक के कुछ गाँव में मैंने एक दिन बिताया। जाते ही कम-से-कम यह सुनकर राहत मिली कि आधार से सत्यापित करने की प्रक्रिया अभी उत्तर प्रदेश के केवल शहरी इलाक़ों में है, गाँव में नहीं। (शहरी इलाक़ों में जहाँ आधार द्वारा उँगलियों के निशान का सत्यापन अनिवार्य हो गया है, ऐसे इलाक़ों से भूख से मौत की ख़बरें 2018 में आने लगी थीं।)

जन वितरण प्रणाली को सुधारने, परिवारों का चयन सही रूप से होना पहला क़दम है। उत्तर प्रदेश में यह हुआ है कि नहीं, कहना मुश्किल है,

लेकिन कई दलित परिवार मिले जिनके पास राशन कार्ड नहीं था। अनाज की चोरी रोकने के लिए लोगों के हाथों में ख़ुद का राशन कार्ड होना ज़रूरी है। अकोला के उन गाँवों में लोग शिकायत कर रहे थे कि नए कार्ड नहीं आए, 'ऑनलाइन नहीं हुआ'। (मुरादाबाद से ऐसा ही सुनने को मिला।) अकोला में ऐसा लगा कि उत्तर प्रदेश पहले क़दम पर ही चूक रहा है।

आगरा के गाँव जाने के ठीक एक सप्ताह बाद, मुझे तमिलनाडु के त्रिची और तंजौर के कुछ गाँवों में राशन की दुकान देखने का मौक़ा मिला। मुझे यह देखने में रुचि थी कि PDS में आधार के उपयोग का यहाँ क्या असर हुआ है।

तमिलनाडु में लोगों को एक 'QR कोड' वाला स्मार्ट कार्ड दिया गया है जो बिना बायोमैट्रिक्स के और बिना इंटरनेट के इस्तेमाल किया जा सकता है। यह ज़रूर है कि आवेदन के समय आधार (लगभग) अनिवार्य है। हालाँकि मुझे कोई ऐसे लोग नहीं मिले जो आधार की वजह से वंचित हुए हों, इधर-उधर से कुछ ख़बरें आती रहती हैं कि कोई छूट गया।

जिन लोगों से मैंने इसके प्रचलन के बारे में बात की, उनमें से किसी को शिकायत नहीं थी। हर व्यक्ति अपने राशन की ख़रीद की पर्ची स्मार्ट कार्ड द्वारा एक मिनट से कम में प्राप्त कर रहा है। जब इंटरनेट नहीं चलता, काम ऑफ़लाइन जारी रहा—जैसे ही इंटरनेट चल पड़ता है, ऑफ़लाइन रिकॉर्ड ऑनलाइन कर दिए जाते हैं। और सबसे अच्छी बात हर एक व्यक्ति की ख़रीद के रिकॉर्ड ऑनलाइन उपलब्ध है।

इस सबसे, टेक्नोलॉजी और सुशासन के बारे में चार अहम सबक सीखे जा सकते हैं : पहली बात, टेक्नोलॉजी का सही उपयोग किया जाए, तो लोगों के लिए फायदेमन्द हो सकती है। उदाहरण के लिए, तमिलनाडु के स्मार्ट कार्ड जहाँ न इंटरनेट का झमेला और न ही उँगलियों के निशानों के सत्यापन का झंझट।

दूसरा, बिना सोचे-समझे टेक्नोलॉजी का इस्तेमाल नुकसान कर सकता है। झारखंड में आधार का उपयोग इस बात की सीख देता है। वहाँ आधार सुधरती हुई जन वितरण प्रणाली को बैठा देने का काम कर रहा है। सेवा

करने के बजाय यहाँ, आधार-रूपी टेक्नोलॉजी ने लोगों को अपना मोहताज बना लिया है।

तीसरा, जहाँ राजनैतिक इच्छाशक्ति और प्रशासनिक क्षमता ही नहीं, वहाँ टेक्नोलॉजी का उपयोग बेमतलब होगा। और जहाँ राजनैतिक इच्छाशक्ति और प्रशासनिक क्षमता है, वहाँ बिना टेक्नोलॉजी के भी सुधार किया जा सकता है। 2016 के छह राज्यों के सर्वेक्षण से हमें यह सीख मिली कि कम टेक्नोलॉजी के विवेकपूर्ण इस्तेमाल से, उसके अन्धाधुन्ध इस्तेमाल से, ज़्यादा हासिल हो सकता है। 2017 में हमने यह भी देखा कि किस तरह टेक्नोलॉजी चोरी और भ्रष्टाचार का रास्ता खोल सकती है—उदाहरण के तौर पर, जब मशीन में उन लोगों के निशानों का सफलतापूर्वक सत्यापन हो भी जाता है, डीलर राशन कार्ड धारक को यह कहकर भगा रहे थे कि सत्यापन फेल हो गया, या टावर नहीं आ रहा। इसके बाद उस व्यक्ति का राशन सरकारी रिकॉर्ड में उस तक पहुँच गया ऐसे दर्शाया जाता है, जबकि उसे वास्तव में राशन नहीं दिया गया।

चौथी, आधार के मामले में ऐसा प्रतीत होता है कि केन्द्र सरकार यह भूल गई है कि मालिक कौन और सेवक कौन है। राज्यों को यह संकेत मिल रहा है कि PDS में आधार का लागू होना सबसे पहला और अहम उद्देश्य है, चाहे उससे PDS का नुकसान ही क्यों न हो।

टेक्नोलॉजी तब तक सही है जब तक वह सेवक और हम उसके मालिक बने रहें। आधार से यह ख़तरा है कि लोगों को उसकी ज़रूरतों के हिसाब से चलना पड़ रहा है, जिससे लोगों का नुकसान भी हो रहा है। बैंक और फ़ोन के मामले में सर्वोच्च न्यायालय को यह बात समझ आ गई, लेकिन आधार से त्रस्त जन वितरण प्रणाली के लाभार्थियों की व्यथा वह नहीं समझ पाए।

(तमिलनाडु से क्यों नहीं सीखते, *अमर उजाला,* 18 मार्च, 2018)

7

आधार नहीं, सुधार चाहिए

सावित्री पैकरा अपने शैय्याग्रस्त पति और बच्ची के साथ सरगुजा के सरमना ग्राम पंचायत की रहने वाली हैं। उनके पास खाद्य सुरक्षा अधिनियम का 'प्राथमिकता' वाला (नीला) राशनकार्ड है, जिसमें प्रति व्यक्ति हर महीने 7 किलो चावल का प्रावधान है। अक्टूबर 2016 तक उन्हें हर महीने 21 किलो चावल मिल रहा था— परन्तु पिछले साल के नवम्बर से उन्हें सिर्फ़ 14 किलो ही मिल रहा है—उनके पूछने पर बताया गया कि आधार नम्बर लिंक न होने के कारण उनके पति का राशन बन्द हो गया है। सावित्री के पति कपिल शिक्षाकर्मी थे जब दिसम्बर 2009 में उनकी सड़क दुर्घटना हुई। तब से वे शैय्याग्रस्त हैं। सावित्री कहती हैं इस वजह से उनका आधार नहीं बन पाया। 1 रुपए किलो चावल उनके जीवनयापन के लिए बहुत ही महत्त्वपूर्ण है।

सावित्री की दशा विशेष रूप से दिल दहला देने वाली है पर सरमना गाँव के अन्य लोगों की कहानी बहुत अलग नहीं है। 22 दिसम्बर को, 50 परिवारों के एक अनौपचारिक सर्वेक्षण के दौरान हमें 17 ऐसे परिवार मिले जिनमें कुल 25 लोगों के नाम काटे गए थे। इसकी वजह से इन परिवारों को उनके हक़ का पूरा राशन नहीं मिल रहा था।

उन सभी कार्डों में हमने जाँच की और पाया कि अक्टूबर 2016 तक पूरा राशन मिल रहा था। पर 2016 के नवम्बर-दिसम्बर से कटौती शुरू हो गई। कुछ राशन कार्डों में 3 व्यक्तियों के नाम तक काटे गए हैं, जिसकी

वजह से उन्हें महीने के 21 किलो चावल से वंचित होना पड़ रहा है!

अधिकतर लोगों को बताया गया है कि यह आधार की वजह से है। समूह जो राशन वितरण करते हैं, उन्होंने बताया कि खाद्य अधिकारी द्वारा उन्हें सूचित किया गया है कि आधार के कारण नाम काटे गए हैं। ज़्यादातर प्रभावित महिलाओं ने बताया कि उन्होंने आधार कार्ड का प्रति जमा किया है, फिर भी, एक साल बीत जाने के बाद भी, कटे हुए नाम जोड़े नहीं गए हैं।

हमने छत्तीसगढ़ के खाद्य विभाग कि वेबसाइट से भी सौदे का जायजा लिया। इन रिकॉर्ड्स में भी लोगों के कथन का प्रमाण मिला—अक्टूबर 2016 तक उन्हें असल परिवार संख्या के हिसाब से राशन मिला था। कुछ कार्ड में परिवार के सबसे वयस्क व्यक्ति का नाम काटा गया था तो किसी में बच्चों का। राशन कार्ड के डिजिटल स्वरूप को परिवार के राशन कार्ड से मिलाने पर पता चलता है कि कुछ नाम नहीं हैं।

छूटे, डुप्लीकेट और फ़र्ज़ी नाम

इसके अलावा, कई परिवारों में कुछ सदस्यों के नाम राशन कार्ड में कभी जुड़े ही नहीं। आमतौर पर यह परिवार के छोटे बच्चे होते हैं, जो 2013—जब खाद्य सुरक्षा क़ानून लागू हुआ और नए राशन कार्ड बने थे—के बाद पैदा हुए। पचास में से ऐसे चार परिवार थे।

कभी-कभी सरकार कटे नामों को 'फ़र्ज़ी' का हवाला देकर उक्त कटौती को उचित बताने की कोशिश करती है। सरमना में हम व्यक्तिगत रूप से ऐसे कई व्यक्ति से मिले जिनका नाम काट दिया गया था (बिस्तर पर पड़े कपिल, उनके भाई और दो बच्चे)। दो मामले ऐसे भी मिले जहाँ नाम जायज़ कारण से काटे गए थे—एक, जिनकी मृत्यु हो गई थी और दूसरा, जिसमें कार्ड में एक नाम ग़लती से दोबारा लिखा गया था, जिसको सुधार दिया गया। ग़ौरतलब है कि दो जायज़ नामों को काटने के चक्कर में 25 लोगों के नाम नाजायज़ ही कट गए।

आधार के कारण लोगों का राशन से नाम काटना और उनके अधिकारों

से वंचित रखना छत्तीसगढ़ खाद्य सुरक्षा अधिनियम और सर्वोच्च न्यायालय के आदेश का उल्लंघन है। इनमें साफ निर्देशित है कि किसी भी व्यक्ति को आधार की वजह से अपने हक़ों से वंचित न किया जाए। ज़िले के और ग्रामों में अनौपचारिक बातचीत के दौरान सामने आया कि यह समस्या सिर्फ़ सरमना गाँव तक ही सीमित नहीं है।

सार्वजनिक वितरण प्रणाली पर काले बादल

2000 दशक के मध्य से सार्वजनिक वितरण प्रणाली के मामले में छत्तीसगढ़ को आदर्श राज्य माना जाता था। 2004-05 से 2011-12 के बीच राज्य ने अनाज की चोरी 50 प्रतिशत से 10 प्रतिशत तक लाने में सफलता प्राप्त की। छत्तीसगढ़ से सीख लेते हुए अन्य राज्यों ने भी अनाज चोरी रोकने में महत्त्वपूर्ण सफलता प्राप्त की।

केन्द्र सरकार के आधार-आधारित बायोमैट्रिक सत्यापन को लेकर राज्य सरकार को चिन्तनीय सन्देश मिल रहा है। राज्य सरकार द्वारा आधार की विफलताओं के बार-बार चेतावनी के बावजूद भी केन्द्र सरकार ज़िद पर अड़ी है कि बिना आधार द्वारा उँगलियों के सत्यापन के राशन नहीं बाँटना चाहिए । कई गाँवों में मोबाइल टावर की समस्या है, तो कहीं आधार लिंकिंग में ग़लती तो कहीं अँगूठे का मशीन द्वारा सत्यापन फेल हो जाता है। आधार से सत्यापन न करने की वजह से राज्य को 17 रुपए प्रति क्विंटल का प्रोत्साहन मूल्य नहीं दिया जा रहा।

इन चर्चाओं से लगता है कि राज्य सरकार को ये सन्देश दिया जा रहा है कि जन वितरण प्रणाली पर जो भी असर हो—अच्छा या बुरा—आधार इस्तेमाल करना ही होगा। आधार से चाहे सार्वजनिक वितरण प्रणाली सुधरे या बिगड़े इसकी केन्द्र सरकार को चिन्ता नहीं। जिस तरह से सरमना में नाम काटे गए हैं और जिस तरह आधार-आधारित सत्यापन की बात हो रही है, लगता है राज्य सरकार भी केन्द्र सरकार का रवैया अपनाने लगी है।

(*नवभारत,* दिसम्बर 2017, रीतिका खेड़ा, भुवन पैकरा, विपुल पैकरा)

8

हानिकर है आधार की अनिवार्यता

अप्रैल और मई 2017 में, तीन सप्ताह तक, सुप्रीम कोर्ट में एक अत्यन्त अहम मामले की सुनवाई के साक्षी रहे हैं। शुक्रवार, 21 अप्रैल को जस्टिस ए.के. सीकरी तथा जस्टिस अशोक भूषण की खंडपीठ ने आयकर अधिनियम में किए गए नवीनतम संशोधन को चुनौती देने वाली दो रिट याचिकाओं को सुना।

इस अधिनियम में धारा 139एए को जोड़कर यह संशोधन आयकर रिटर्न दाखिल करते वक़्त एवं स्थायी खाता संख्या (पैन) हासिल करने और उसे कायम रखने के लिए आधार (यूआईडी) का उल्लेख अनिवार्य बनाता है। इसके अलावा, यह भारत में किसी आयकर दाता के लिए आधार/यूआईडी हेतु अपना नामांकन न कराने को एक दंडनीय अपराध करार देता है। ये दो याचिकाएँ सीपीआई नेता बिनय विश्वम (जिनका प्रतिनिधित्व वरिष्ठ अधिवक्ता अरविन्द दातार कर रहे हैं) और सुधीर वोमबटकेरे तथा सामाजिक कार्यकर्ता और मैगसेसे पुरस्कृत बेजवाड़ा विल्सन (जिनका प्रतिनिधित्व वरिष्ठ अधिवक्ता श्याम दीवान कर रहे हैं) ने दायर की है।

यह मामला सिर्फ़ उनके लिए अहम नहीं है जो आयकर देते हैं और जिनके पास पैन कार्ड है, बल्कि ऐसा भारतीय लोकतंत्र के लिए भी है। 21 अप्रैल को दलीलों के दौरान जस्टिस सीकरी ने सरकार का प्रतिनिधित्व

करते अटॉर्नी जनरल (एजी) से पूछा कि जब कोर्ट के ऐसे अन्तरिम आदेश हैं, जो सरकार को इसकी अनुमति नहीं देती, तो वह कैसे किसी को आधार के लिए बाध्य कर सकती है? स्मरणीय है कि वर्ष 2015 में सुप्रीम कोर्ट ने ये आदेश दिए थे कि आधार केवल छह कल्याण योजनाओं में ऐच्छिक रूप से ही प्रयुक्त किया जा सकता है।

एजी (अटॉर्नी जनरल) ने इस संशोधन के पक्ष में तीन दलीलें दीं : पहली, सुप्रीम कोर्ट ने अन्तरिम आदेश आधार अधिनियम 2016 लागू होने के पूर्व दिए थे और वे आधार के सम्बन्ध में किसी क़ानून की ग़ैरमौजूदगी पर आधारित थे। अधिनियम लागू होने के बाद, ये आदेश प्रभावी नहीं रहे।

दूसरी, 6 फरवरी, 2017 को सुप्रीम कोर्ट ने लोकनीति फ़ाउंडेशन मामले में सिम कार्ड के सत्यापन हेतु आधार के अनिवार्य उपयोग का समर्थन किया था और, तीसरी, 27 मार्च, 2017 को अपनी मौखिक टिप्पणी में सुप्रीम कोर्ट ने यह संकेत किया था कि आधार को कल्याण योजनाओं का लाभ उठाने के लिए अनिवार्य नहीं बनाया जा सकता, पर अन्य उद्देश्यों के लिए अनिवार्य करार दिया जा सकता है।

कोर्ट को जो कुछ बताने में अटॉर्नी जनरल विफल रहे, वह यह था : पहला, सितम्बर 2016 में आधार अधिनियम पारित होने के बाद भी, कोर्ट ने आधार के ऐच्छिक होने के विषय में अपने पूर्व आदेश को दोहराया था। दूसरा, लोकनीति मामले में, एजी ने कोर्ट को यह बताया था कि सरकार ने 'मोबाइल कनेक्शन जारी करने के लिए 16 अगस्त, 2016 को आधार आधारित ई-केवाईसी की शुरुआत की है,' और यह कि 'एक नया टेलीफ़ोन कनेक्शन हासिल करने के लिए वर्तमान में आधार कार्ड या बायोमैट्रिक प्रमाणीकरण अनिवार्य नहीं है।' वास्तव में, उसके बाद दिया गया सुप्रीम कोर्ट का आदेश सिम कार्ड प्राप्त करने अथवा उसे इस्तेमाल करने के लिए आधार को अनिवार्य बनाने की स्वीकार्यता अथवा वांछनीयता का समर्थन नहीं करता।

तीसरा, अटॉर्नी जनरल ने सुप्रीम कोर्ट की जिस मौखिक टिप्पणी का सन्दर्भ दिया, वह वरिष्ठ अधिवक्ता दीवान के द्वारा 'मेंशनिंग' के दौरान दी गई थी।

पीठ द्वारा कोर्ट के पूर्व आदेश को समझने की कोशिश के दौरान पीठ एवं दीवान के बीच एक संक्षिप्त संवाद हुआ था, जिसमें मुख्य न्यायाधीश द्वारा इस विषय में की गई कुछ टिप्पणियाँ शामिल थीं कि क्या 15 अक्टूबर, 2015 का आदेश सम्भवतः सामाजिक कल्याण एवं लाभ योजनाओं पर ही लागू होता है, या कि आयकर दाख़िल करने जैसी अन्य गतिविधियों पर। प्रेस ट्रस्ट ऑफ़ इंडिया (पीटीआइ) समेत कई मीडिया संगठनों ने इस टिप्पणी की ग़लत रिपोर्ट की और उन्हें निर्णायक अवलोकन करार देते हुए न्यायिक आदेश के बराबर मान लिया, जो त्रुटिपूर्ण है।

कोर्ट में हुई उपर्युक्त चर्चा का यह निहितार्थ नहीं निकाला जा सकता कि कोर्ट ने आयकर रिटर्न दाख़िल करने के लिए आधार को अनिवार्य करने की अनुमति दे दी। इसकी दो वजहें हैं : एक, यह सुनवाई की तिथि मुकर्रर करने के लिए की गई 'मेंशनिंग' थी और आधार-पैन की सहलग्नता (लिंकेज) को अनिवार्य करने जैसा आदेश बग़ैर सभी पक्षों को सुने नहीं दिया जा सकता; और दूसरा, 15 अक्टूबर, 2015 का आदेश पाँच जजों की पीठ द्वारा दिया गया था, जिसे तीन जजों की पीठ संशोधित/पुनर्लिखित/लंघित नहीं कर सकती।

26 अप्रैल, 2017 को अगली सुनवाई इस अधिक सारगर्भित मुद्दों पर हुई कि आयकर दाख़िल करने के लिए आधार को, जो 12 अंकों की एक बायोमैट्रिक्स आधारित पहचान संख्या है, पैन से सहलग्न करना क्यों समस्याजनक है।

याचिका के पक्ष में दलीलें पेश करते समय अधिवक्ताओं ने तीन मुद्दे उठाए—पहला, यह संलग्नता आख़िर किस उद्देश्य से अनिवार्य की जा रही है और क्या यह उपचार समस्या के अनुपात में है; दूसरा, ऐसी कार्रवाई किस तरह हमारी निजता का उल्लंघन होगी; और तीसरा यह कि कैसे यह पूरी परियोजना ही नागरिक स्वतंत्रताओं के लिए एक ख़तरा है। जब हम दाँव पर लगे इन वृहत्तर मुद्दों को समझेंगे, तभी यह महसूस कर पाएँगे कि आधार परियोजना के साथ आख़िर क्या ग़लत है।

संक्षेप में, आधार को कल्याणकारिता बढ़ाने की परियोजना बताया

गया था, मगर सामाजिक सुरक्षा पेंशनों, नरेगा या जन वितरण प्रणाली जैसी जिस किसी योजना के लिए आधार को अनिवार्य बनाया गया, इसने ग़रीबों के लिए काफ़ी व्यवधान तथा मुश्किलें पैदा की हैं। कल्याण की बातें तो मूलतः एक निगरानीपरक परियोजना पर चढ़ाया गया मुलम्मा भर है।

(हानिकर है आधार की अनिवार्यता, *प्रभात ख़बर*, 11 मई, 2017)

9

सर्वोच्च न्यायालय की अवहेलना

आधार-PAN लिंकेज : घर से चूहा भगाने के लिए घर को आग लगा देना

2016 में आधार अधिनियम पारित होने के बाद, 2017 के शुरुआती दो-तीन महीनों में केन्द्र सरकार ने पचास से ज़्यादा सरकारी योजनाओं और सुविधाओं के लिए आधार नम्बर को अनिवार्य कर दिया है।

2009 में, यूपीए-2 के समय में, जब यह सरकारी योजना शुरू हुई, तब सरकारी तंत्र ने बार-बार आश्वासन दिया की यह स्वैच्छिक है, इसे अनिवार्य नहीं बनाया जाएगा। फिर धीरे-धीरे, हालाँकि सरकार यह आश्वासन देती रही, साथ-साथ उन्होंने पीछे के दरवाज़े से इसे नरेगा के तहत काम और मज़दूरी, पेंशन योजना में पेंशन, हासिल करने के लिए अनिवार्य कर दिया। जब उच्चतम न्यायालय ने सितम्बर 2013 में कहा कि आधार की वजह से लोगों को अपने हक़ से वंचित नहीं किया जा सकता, तब ग्रामीण मंत्रालय के होशियार अफ़सर ने सरकार के लिए रास्ता निकाला। सरकारी आदेशों में पहली पंक्ति में न्यायालय के आदेश को लिखा जाता और साथ ही दूसरी पंक्ति में लिख दिया गया—यदि आधार नम्बर नहीं है, तो उस व्यक्ति का आधार में नामांकन करने में मदद की जाए।

जैसे सुप्रीम कोर्ट का आदेश मंत्रालय में आते-आते इस तरह मरोड़ा गया, उसी तरह मंत्रालय का आदेश (कि लोगों को आधार में एनरॉल किया

जाए), ज़िला तक पहुँचते-पहुँचते और भी मरोड़ा गया। नतीजा यह हुआ कि जिनके पास आधार नहीं था, उनका नाम धीरे-धीरे योजना के डाटाबेस से कटता गया।

कहानी यहाँ नहीं ख़त्म होती—जैसे-जैसे लोगों के नाम आधार न होने की वजह से, उनकी जानकारी के बिना कटते गए, सरकार ने दावा करना शुरू किया कि ये लोग 'फ़र्ज़ी' थे, जो आधार की वजह से पकड़े गए हैं। इन्हीं ग़लत तरीक़े से कटे हुए नामों को सरकार ज़ोरों-शोरों से 'आधार से हुई बचत' के रूप में देश के लोगों के सामने प्रस्तुत करती आ रही है। कोर्ट और पार्लियामेंट में दोनों जगह आधार से बचत के जो आँकड़े हैं उसमें बहुत बड़ी मात्रा में ऐसे लोग हैं जो ग़लत तरीक़े से सरकारी हकों से वंचित हो गए हैं।

इसी के चलते, सरकार ने अब आदेश निकाल दिया है कि आयकर भरने के PAN कार्ड को अनिवार्य रूप से आधार नम्बर से जोड़ना होगा, यदि ऐसा नहीं किया गया तो PAN रद्द कर दिया जाएगा और PAN कार्ड बनवाने के लिए भी सरकार ने आधार नम्बर/कार्ड को अनिवार्य कर दिया है।

इसी को चुनौती देते हुए अप्रैल 2017 में जस्टिस सीकरी और जस्टिस भूषण ने एक याचिका की सुनवाई की। जब जजों को बताया गया कि यह क़दम कितना हानिकारक होगा, तो तुरन्त जस्टिस सीकरी ने अटॉर्नी जनरल से आधार को PAN से जोड़ने का कारण पूछा। इसके पीछे क्या तर्क है, वो सरकार ठीक से कोर्ट में नहीं बता पा रही है। अटॉर्नी जनरल ने यह कहा कि सुप्रीम कोर्ट के पुराने, 2013 से 2015 में दिए गए आदेश अब लागू नहीं क्योंकि वो आदेश आधार क़ानून न होने की वजह से दिए गए। तब याचिकाकर्ता के वकील ने कोर्ट को बताया कि कोर्ट के आदेश इस वजह से नहीं थे। कोर्ट ने अनिवार्य न बनाना का आदेश अन्य कारणों से भी दिए थे (जैसे कि कोई भी इसके कारण अपने हक़ से वंचित न रह जाए)।

जब सरकारी पक्ष के पास कोई तर्क नहीं बचा, तो यह बात कही गई कि 'डुप्लीकेट' PAN नम्बर हैं जो आधार से पकड़े जाएँगे। लेकिन मार्च 2016 में लोक सभा में पेश आँकड़ों के अनुसार, डुप्लीकेट होने की वजह से केवल 0.4 प्रतिशत PAN कार्ड काटे गए हैं। यदि केवल 0.4 प्रतिशत PAN डुप्लीकेट

या ग़लत पाए गए, तो सरकार का PAN-आधार लिंक करने का प्रस्ताव घर से चूहा भागने के लिए घर को आग लगा देने के बराबर है।

दूसरी बात, आधार में भी छोटी मात्रा में कुछ डुप्लीकेट/फ़र्ज़ी पाए गए हैं। 'गोभी', 'हनुमान' (भगवान हनुमान की फ़ोटो सहित), 'टॉमी' (कुत्ते की फ़ोटो के साथ), इत्यादि फ़र्ज़ी आधार कार्ड जारी हुए हैं।

तीसरा, लोक सभा में दिए गए उत्तर में लिखा है कि PAN डाटाबेस में माँ का नाम जोड़ने से भी डुप्लीकेट सामने आ सकते हैं। यानी, डुप्लीकेट/ फ़र्ज़ी आधार कार्ड पकड़ने के और तरीक़े भी हैं।

PAN-आधार को लिंक करना हानिकारक क्यों है? पिछले कुछ दिनों में कई सरकारी वेबसाइट में (क़ानूनी प्रावधान के विपरीत) लोगों के आधार नम्बर खुले में सबके सामने रखे गए हैं। यदि यह नम्बर ग़लत हाथों में पड़ जाएँ तो इनका दुरुपयोग होने का डर है। आजकल इंटरनेट पर अलग-अलग जगह से हमारी निजी जानकारी प्राप्त की जा सकती है— कहीं से जन्मतारीख़, कहीं से पता, कहीं से माँ का नाम, इत्यादि। यदि, आधार नम्बर को हमारी वित्तीय जानकारी (बैंक अकाउंट, PAN) से जोड़ दिया गया तो इस सब जानकारी को मिलाकर कोई भी हमारा रूप धारण करके हमसे धोखाधड़ी कर सकता है।

दूसरा, वित्तीय धोखाधड़ी से भी शायद गम्भीर समस्या है सरकार का दायरा ज़रूरत से ज़्यादा फैलना। हमारे संविधान में ऐसे कई प्रावधान हैं जिनका मकसद है सरकार पर लगाम रखना। संविधान में 'लिमिटेड गवर्नमेंट' का विचार अहम है। 'लिमिटेड गवर्नमेंट' का मतलब है सरकारी दायरे की सीमाएँ तय करना। लोकतंत्र में यह बहुत ज़रूरी है, क्योंकि सरकारी दायरा हद से ज़्यादा बढ़ेगा, तो लोगों की निजी ज़िन्दगी में दख़लन्दाज़ी बढ़ेगी, सेल्फ़-सेंसरशिप होगी, और जब सेल्फ़-सेंसरशिप होगी तो यह तो लोकतंत्र की जड़ों पर घातक वार होगा।

(आधार को पैन कार्ड से जोड़ना कितना ख़तरनाक है?,
बीबीसी हिन्दी, 26 अप्रैल, 2017)

10

आधार अनिवार्यता पर अदालत की सुनें

यदि आप आत्मविश्वास के साथ कह सकते हैं कि आधार से आपकी ज़िन्दगी आसान हुई है, और ऐसी सरकारी सुविधाएँ प्राप्त हुई हैं जिनसे आप पहले वंचित थे, तो आप किसी 'एंडनगेरेड स्पीसीज़' से कम नहीं। क्योंकि आजकल हर तरफ़, आधारत्रस्त लोग ही मिलेंगे।

कुछ महीनों से सबको रोज़ फ़ोन पर मैसेज आ रहे हैं—बैंक से और मोबाइल से आधार लिंक कीजिए। उससे पहले, आयकर भरते समय, लोगों को काफ़ी परेशानी हुई। चूँकि वयस्कों में ज़्यादातर आधार बना चुके हैं, इसलिए आज कल बच्चे सरकार की नज़रों में हैं। स्कूल में नामांकन, कभी पेंटिंग प्रतियोगिता, कभी खेल-कूद के कार्यक्रम—हर चीज़ के लिए बच्चों से भी आधार माँगा जा रहा है। न होने पर, उन्हें इन सबसे वंचित किया जा रहा है। पुणे में दस साल के बच्चे को आधार न देने की वजह से पीटा गया।

ग्रामीणों के लिए यह सब कुछ काफ़ी लम्बे समय से चल रहा था। लोग परेशान थे—कभी जन वितरण प्रणाली में अनाज के लिए, कभी विधवा और वृद्धावस्था पेंशन के लिए, कभी स्कॉलरशिप के लिए, कभी स्कूल में नाम जारी रखने के लिए। हर समय हर तरफ़ अनिवार्य आधार की तलवार लटकी हुई है।

जब PAN, बैंक, मोबाइल, मृत्यु सर्टिफिकेट, स्कूल में भर्ती होने इत्यादि के लिए आधार को अनिवार्य किया गया, तब लोगों के मन में सवाल उठा कि इसका मकसद क्या है? वास्तव में तर्क कहीं भी नहीं। उदाहरण के तौर पर, सरकार का कहना है कि इन सबमें नाम दोहराए गए हैं, या 'फ़र्ज़ी' (यानी वास्तव में उस नाम से कोई भी नहीं ऐसे) नाम हैं। सबूत माँगने पर सरकार के पास कोई जवाब नहीं। यदि दोहरे या फ़र्ज़ी नाम हों भी तो आधार लिंक से वह तब ही पकड़े जा सकते हैं, जब वह योजना ऐसी हो जो यूनिवर्सल हो—वर्ना जिन्होंने फ़र्ज़ी नाम घुसाए हैं, वह किसी ऐसे व्यक्ति (जो उस योजना का लाभ नहीं लेते) का आधार नम्बर देकर फ़र्ज़ी नाम जारी रख सकते हैं।

जन वितरण प्रणाली में, जहाँ हर महीने आधार द्वारा फिंगरप्रिंट सत्यापित करवाए जा रहे हैं, वहाँ डीलर सत्यापन के बाद, दो-चार किलो अनाज काटकर ही दे रहे हैं! आधार द्वारा उँगलियों के सत्यापन से अनाज की चोरी नहीं रुक सकती।

अभी लिंक मत कीजिए

सभी का एक ही सवाल था—क्या बैंक और मोबाइल आधार से लिंक किया जाए? सब घबराए हुए थे कि कनेक्शन कट न जाए, बैंक खाता फ्रीज़ न हो जाए। मोबाइल लिंकिंग के केस में वास्तव में सर्वोच्च न्यायालय के आदेश में केवल इतना ही लिखा था कि सरकार किसी-न-किसी तरीक़े से मोबाइल कनेक्शन की वेरिफिकेशन करे। लेकिन सरकार के आदेश में न्यायालय के आदेश को तोड़-मरोड़ कर पेश किया गया, जैसे कि न्यायालय ने आधार वेरिफिकेशन की माँग की है।

आधार से सम्बन्धित बीस से अधिक मामलों की सर्वोच्च न्यायालय में सुनवाई होनी है। उसमें से दो-तीन याचिकाओं में मोबाइल लिंकिंग को चुनौती दी है, कुछ में बैंक और अन्य सरकारी योजनाओं में आधार को अनिवार्य बनाने के निर्णय को चुनौती दी गई है। और कुछ याचिकाओं में

तो आधार योजना को पूर्ण रूप से ग़ैरक़ानूनी करार देने की माँग है।

बावजूद इन क़ानूनी चुनौतियों के, सरकार की ओर से आधार लिंक करने का दबाव बढ़ता जा रहा है। दूसरी ओर आधार की अनेकानेक ख़ामियाँ सामने आ रही हैं। PAN लिंकिंग के दौरान काफ़ी लोगों की जानकारी में (नाम का स्पेलिंग या पता) ग़लतियाँ होने से, लिंक करने में परेशानी हुई। आजकल मोबाइल लिंकिंग में हज़ारों लोग परेशान हैं। एक सज्जन ने मेल पर सतर्क किया किस तरह फिंगरप्रिंट फेल की समस्या आम है। नेशनल कन्ज़्यूमर कंप्लेन फोरम की वेबसाइट पर आधार से सम्बन्धित हज़ारों शिकायतें हैं : आधार 'डी-एक्टिवेट' कर दिया गया, फिर से बायोमैट्रिक जानकारी देने की माँग, फिर से देने के बाद भी नम्बर प्राप्त करने में दिक़्क़त, एक बार सफलतापूर्वक लिंक हो जाने के कुछ महीनों बाद, 'अपडेट' करने की माँग आना, नया कार्ड मिलने में परेशानी, शिकायत कहाँ दर्ज होगी, इत्यादि। और याद रखिए यह तो वो है जो इंटरनेट तक पहुँच पा रहे हैं।

लोगों को यह भी समझ आ रही है, शुरुआती वादे के बिलकुल विपरीत, आधार ने बिचौलियों को हटाया नहीं है, बल्कि अलग तरह के बिचौलिए पैदा किए हैं!

शिकायतें केवल आधार लिंकिंग से जुड़ी हुई नहीं, जिन्होंने लिंक कर लिया उनके साथ धोखा भी हुआ है। कहीं पर बैंक फ्रॉड की ख़बर है, तो कहीं पर फ़र्ज़ी आधार बनाने के मानो कारखाने लगे हुए हैं (लोकसभा में सरकार ने बताया कि 49,000 एनरोलमेंट एजेंसी को 'ब्लैक लिस्ट' किया गया है)।

ग्रामीण यह सब कई सालों से चुपचाप भुगत रहे हैं। बूढ़े लोग, जिन्हें पेंशन गाँव में ही मिल जाती थी, अब उन्हें ऐसी जगह चलकर जाना पड़ रहा है, जहाँ आधार सत्यापन की मशीन काम करे। कभी-कभी आठ-नौ किलोमीटर चलने के बाद, ख़ाली हाथ वापस आ जाते हैं—'टावर' नहीं था या उँगली का सत्यापन नाकाम हो गया।

झारखंड के सिमडेगा ज़िले की ग्यारह वर्षीय सन्तोषी भूख से मौत की

शिकार हो गई। उसके परिवार का राशन कार्ड इसलिए काट दिया गया क्योंकि आधार से लिंक नहीं करवा पाए। फिर देवघर के रूपलाल मरांडी गुज़र गए। उन्होंने आधार लिंक तो करवा लिया, लेकिन दो महीनों से फिंगरप्रिंट काम नहीं करने की वजह से उन्हें राशन नहीं मिला। (2017 से लेकर 2018 तक आधार की वजह से 42 मौतें हो चुकी हैं।)

काफ़ी महीनों से सरकार को इन सब दिक़्क़तों के बारे में चेताया भी गया है, लेकिन सरकार मानने से पता नहीं क्यों घबरा रही है। आज भी सरकारी तंत्र के कुछ लोग कह रहे हैं कि सन्तोषी मलेरिया से मर गई। सुधार लाने की बजाय, समस्या को नकारने में लगे हुए हैं।

सरकार को तुरन्त ही यह समझने की ज़रूरत है कि आधार की आग, जो कुछ समय पहले तक, केवल चुपचाप सहने वाले ग्रामीण-ग़रीबों के घरों तक सीमित थी, आज वो आग शहरी और सक्षम लोगों के घरों तक पहुँच चुकी है। यह वर्ग चुपचाप सहने वाला नहीं है। सरकार की आज तक की रणनीति (इसे इक्के-दुक्के की समस्या कहकर टालना, या बिलकुल ही नकार देना) का पर्दाफ़ाश हो गया है।

सरकार को न्यायालय के पिछले आदेशों का पालन करना चाहिए। इनमें आधार को केवल 6 कल्याणकारी योजनाओं में ऐच्छिक रूप से इस्तेमाल करने की इजाज़त दी गई थी। बाक़ी प्रयोग (बैंक, मोबाइल, स्कूल, इत्यादि) में तो वॉलंटरी रूप से भी माँगने की अनुमति नहीं है। चूँकि फिंगरप्रिंट सत्यापन से राशन-पेंशन में कोई फ़ायदा नहीं, बल्कि लोगों का नुकसान है, इसे तुरन्त रोक देना चाहिए।

सरकार और लोगों का हित इसी में है कि आधार से हो रहे नुकसान को मानते हुए इसकी अनिवार्यता अविलम्ब हटाए।

11

ज़िन्दगी में ताक-झाँक का तर्क कितना सही ?

भारत के सुप्रीम कोर्ट ने 11 अगस्त, 2015 को आधार कार्ड पर एक जनहित याचिका की सुनवाई करते हुए तीन महत्त्वपूर्ण आदेश दिए।

एक, आधार कार्ड बनवाना अनिवार्य नहीं है। किसी को इसे बनवाने के लिए मजबूर नहीं किया जा सकता।

दो, सरकार जन वितरण प्रणाली (पीडीएस) और गैस सिलेंडर (एलपीजी) वितरण में इसका प्रयोग कर सकती है लेकिन इन सेवाओं के लिए आधार देना अनिवार्य नहीं होगा। (अक्टूबर 2015, सर्वोच्च न्यायालय ने अगले आदेश में चार और योजनाएँ जोड़ी जिसमें सरकार, बिना उसे अनिवार्य किए, आधार माँग सकती है। इनमें पेंशन, प्रॉविडेंट फंड और स्कॉलरशिप शामिल थे।)

तीन, कोर्ट की पाँच जजों वाली संवैधानिक पीठ निजता के सवाल और आधार परियोजना पर जब तक अपनी सुनवाई पूरी नहीं कर लेती तब तक सरकार को किसी भी उद्देश्य से आधार माँगकर लोगों की निजता को ख़तरे में नहीं डालना चाहिए।

आधार परियोजना का सवाल इतना महत्त्वपूर्ण क्यों है ? ये समझने के लिए हमें पहले ये जानना होगा कि आधार परियोजना और निजता के अधिकार का आपस में क्या सम्बन्ध है।

इस परियोजना के तहत विभिन्न निजी और सरकारी डाटाबेस (रेलवे यात्रा, पैन कार्ड, बैंक अकाउंट, मोबाइल नम्बर और पीडीएस इत्यादि) में हर व्यक्ति का आधार नम्बर जोड़ा जा रहा है। जब ये काम पूरा हो जाएगा, तो किसी व्यक्ति का प्रोफ़ाइल तैयार करना काफ़ी आसान होगा। उस व्यक्ति ने कब और कैसे यात्रा की, किसे फ़ोन किया, किसके साथ पैसे की लेन-देन की इत्यादि जानकारियाँ पाना किसी के लिए बहुत आसान हो जाएगा। यानी आधार परियोजना आम लोगों की निगरानी (सर्विलांस) करने का सबसे बड़ा तरीक़ा बन सकता है।

सर्विलांस और निजता का मुद्दा आपस में जुड़ा हुआ है। यदि आपको ये पता हो कि आपके ऊपर किसी की नज़र है, आपकी निगरानी की जा रही है, तो आप अपना बरताव बदलने पर मजबूर हो जाएँगे। जैसे, अगर हमें पता हो कि हमारे फ़ोन और ईमेल की निगरानी की जा रही है तो हमें बातचीत करने के लिए दूसरे सुरक्षित तरीक़ों की तलाश करनी होगी। ये हमारी निजता और स्वतंत्रता पर हमला है। वह भी तब जब हम कोई भी ग़लत काम न कर रहे हों। उदाहरण के तौर पर, यदि आप सड़क पर वाहन चला रहे हैं, और सामने आपको पुलिस खड़ी दिखाई देती है। ऐसे में एक पल के लिए आपके मन में ख़याल ज़रूर आएगा कि क्या हेलमेट पहनी तो है?, क्या लाइसेंस है कि नहीं, क्या ज़्यादा गति से तो नहीं चल रहे? चाहे वो पुलिस वाले अपने फ़ोन पर ही क्यों न व्यस्त हों, लेकिन केवल उनकी उपस्थिति ही हमारे स्वभाव पर असर करती है।

अमेरिका में एडवर्ड स्नोडेन के किए गए खुलासों के बाद से सर्विलांस और निजता पर गम्भीर बहस शुरू हो गई है। स्नोडेन ने उजागर किया कि अमेरिका ख़ुद अपने नागरिकों की निगरानी करता रहा है। ये तब जब अमेरिका में निजता की रक्षा के लिए कड़े क़ानून हैं। चिन्ताजनक बात ये है कि भारत में निजता सम्बन्धी कोई क़ानून नहीं है। यानी, 2009 से 2016 तक (जब आधार अधिनियम पारित हुआ), आधार परियोजना एक क़ानूनी निर्वात में काम कर रही थी। आधार का प्रयोग किस लिए हो सकता है, इससे जुड़ी जानकारी कौन और किन परिस्थितियों में माँग सकता है

इत्यादि को लेकर कोई नियम या दिशा-निर्देश नहीं थे।

कई लोगों को लगता है कि निजता का सवाल केवल अमीर और प्रभावशाली लोगों के लिए चिन्ता का विषय है। लेकिन ये सही नहीं है। हम सब निजता की सीमाएँ निर्धारित करते हैं और नहीं चाहते कि दूसरे उनका उल्लंघन करें। ग़रीब लोग केवल सिर पर छत के लिए घर नहीं बनाते, बल्कि उन्हें निजता भी चाहिए होती है। वो अपने बैंक अकाउंट की जानकारी गोपनीय रखना चाहते हैं। हम सब अपने ईमेल और बैंक अकाउंट को पासवर्ड से सुरक्षित रखते हैं।

आधार परियोजना से जुड़ी बहस में जब ये सवाल उठाए जाते हैं तो बहुत से लोग तर्क देते हैं कि सामाजिक कल्याणकारी परियोजनाओं को बेहतर तरीक़े से लागू करने के लिए ये ज़रूरी है। सरकार भी आधार के पक्ष में यही तर्क देती रही है। ये सच नहीं है। सामाजिक कल्याणकारी परियोजनाओं में आधार के बग़ैर ही भ्रष्टाचार में कमी आ रही है। जैसे, पीडीएस में होने वाला घपला (लीकेज) 2004-05 और 2011-12 के बीच 75 प्रतिशत से घटकर कई राज्यों (बिहार, छत्तीसगढ़ और ओडिशा) में 20 प्रतिशत से कम हो गई। इसी तरह साल 2009 से बैंक अकाउंट के प्रयोग के बाद से नरेगा (राष्ट्रीय ग्रामीण रोज़गार गारंटी योजना) में होने वाले चोरी में काफ़ी कमी आई है।

आधार के पक्ष में कई बार ये तर्क भी दिया जाता है कि इसके प्रयोग से एक ही योजना का दोहरा लाभ ले रहे लोगों पर लगाम लगेगी। ये कितनी गम्भीर समस्या है? सुप्रीम कोर्ट में दिए गए एक हलफनामे के अनुसार आन्ध्र प्रदेश में कुल 3.5 करोड़ मज़दूरों में से दो लाख (0.6 प्रतिशत) नाम दोहरे थे। सरकार द्वारा गठित ढाँडे समिति ने अपनी रिपोर्ट में कहा है कि एलपीजी डाटाबेस में दो प्रतिशत लोग दोहरे हैं।

मार्च 2015 में सरकार के मंत्री ने संसद में कहा था कि आधार डाटाबेस में नौ करोड़ से ज़्यादा नामांकन गुणवत्ता से जुड़े मसलों और संदिग्ध जालसाजी के आधार पर निरस्त कर दिए गए। दोहराव को लेकर दूसरी शिकायतें भी सामने आती रही हैं। इससे पता चलता है कि आधार

भी 100 प्रतिशत दोषमुक्त नहीं।

आधा दूध उबलकर डुल गया तो इसका मतलब यह नहीं कि बाक़ी दूध को भी डोल दें। लेकिन आधार मामले में सरकार यही तर्क दे रही है— अब इतना खर्च हो चुका, इसे चलने दीजिए। जिस परियोजना पर इतने सवाल हों, उस पर बिना सोचे और पैसे बहाना उचित होगा?

(*बीबीसी हिन्दी,* 17 अगस्त, 2015)

12

निजता और लोकतंत्र पर प्रहार

जब 2009 में आधार प्रोजेक्ट शुरू किया गया, तब से यह कहा गया कि यह सरकार की 'कल्याणकारी' योजनाओं को बेहतर बनाने में मदद करेगा। यह कहा गया कि इससे उन लोगों को सरकारी योजनाओं का लाभ मिलेगा जो अभी तक इनसे वंचित थे। यह इस धारणा पर आधारित था कि लोग सरकारी योजनाओं से इसलिए वंचित रह गए हैं क्योंकि उनके पास पहचान-पत्र नहीं हैं। सूचना के अधिकार के तहत जानकारी से पता चला है कि 99.97 प्रतिशत लोग जिनका आधार नम्बर है, उन्हें यह नम्बर पहले से उनके पास मौजूद पहचान के बूते पर मिला है। केवल 0.03 प्रतिशत ऐसे लोग थे जिनके पास पहले कोई पहचान-पत्र नहीं था! इसी तरह, ज़ोरों से किए गए प्रचार की वजह से लोगों के मन में यह बात भी घुसा दी गई कि इससे भ्रष्टाचार कम होगा। यह भी बताया गया कि कल्याणकारी योजनाओं को कारगर बनाने में मदद करेगा।

लेकिन आठ साल बाद, अब हमारे सामने काफ़ी सबूत हैं कि नरेगा, राशन व्यवस्था, पेंशन जैसी योजनाओं में आधार को जोड़ने की वजह से नुकसान हुआ है। नुकसान की कई वजह हैं। कहीं आधार नम्बर नहीं, तो कहीं उसे सही ढंग से सिस्टम में नहीं जोड़ा गया। जब यह सब तैयारी हो चुकी हो, तब भी काफ़ी दिक़्क़तें आती हैं—राशन, पेंशन लेते समय बायोमैट्रिक

सत्यापन आसान नहीं। बिजली, मोबाइल कनेक्शन, सर्वर की उपलब्धि, इन तीनों का होना ज़रूरी है। जब शहरों में कॉल ड्रॉप की समस्या है, तो आप समझ सकते हैं कि गाँव में क्या हालत होगी।

यदि इस तरह की तकनीकी दिक़्क़त न भी आए, तो एक और समस्या है—जब मशीन उँगली के निशान पहचानने से इनकार कर देती है। ऐसी स्थिति में आप कुछ नहीं कर सकते। संवेदनशील राज्यों में 'सुविधा' दी गई है कि वह आधार केन्द्र में उँगली के नए निशान अंकित कर सकें। लेकिन उसके लिए उन्हे प्रखंड तक जाना होगा और 15 दिन तक इंतज़ार करना होगा। तब तक न राशन मिलेगा, न पेंशन।

कल्याणकारी योजनाओं में आधार क्यों?

पूछने की बात यह है कि इन योजनाओं में आधार को जोड़ने से क्या प्राप्त होगा। चोरी के दो तरीक़े है। पहला, जब मैं राशन लेने जाती हूँ, तो डीलर मुझे 25 किलो के बजाय केवल 20 किलो देता है, और जबरन 25 किलो पर अँगूठा लगवा लेता है। बायोमैट्रिक सत्यापन लाने से यह चोरी नहीं रुक सकती—चाहे आप रजिस्टर में हस्ताक्षर करवाएँ या मशीन में अँगूठा लगवाएँ, जब तक डीलर की दादागिरी नहीं ख़तम होती, यह चोरी नहीं रुक सकती। चोरी का दूसरा ज़रिया है कि जब मैंने एक की जगह दो राशन कार्ड बनवाए हों। ऐसे चोरी भी होती है, लेकिन अभी तक जो अध्ययन हुए हैं, उससे यह स्थापित हुआ है कि ज़्यादा चोरी पहले ज़रिए से होती है। हम 2010 से कह रहे हैं कि आधार बायोमैट्रिक सत्यापन की राशन, नरेगा और पेंशन में कोई ख़ास भूमिका नहीं है। सैद्धान्तिक रूप से कल्याणकारी योजनों में भ्रष्टाचार रोकने में कोई ख़ास भूमिका नहीं।

इन कार्यक्रमों में चोरी है, लेकिन उसे रोकने के दूसरे और कारगर तरीक़े हैं। उदाहरण के तौर पर, 2004-5 में छत्तीसगढ़ में आधा अनाज चोरी होता था। 2011-12 में केवल 10 प्रतिशत चोरी रह गई, क्योंकि राज्य सरकार द्वारा कई क़दम उठाए गए। ये सुधार बिना आधार

के हुए हैं। इसी वजह से कई राज्यों में लोगों की माँग रही हैं 'आधार नहीं, सुधार चाहिए'।

आधार को योजनाओं में फ़ायदेमन्द बताना यूपीए-2 की रणनीति थी, ताकि जो योजना वास्तव में जनता पर निगरानी रखने वाली योजना है उसे लोग स्वीकार करें। जब इसे ग़रीबों के हक़ दिलवाने में मददगार रूप में पेश किया गया, तो जिन लोगों के मन में निजता को लेकर सवाल थे, वह चुप हो गए, क्योंकि उन्हें लगा कि यदि इससे ग़रीब लोगों को उनके हक़ प्राप्त होंगे तो उसके लिए हमें निजता की कुर्बानी देनी होगी। आधार को कल्याणकारी बताना कड़वी गोली पर मीठा लेप था।

आधार निजता पर कैसे प्रहार करता है?

यदि, जैसी सरकार की मंशा है, इस नम्बर को देश के सब ही डाटाबेस से जोड़ दिया जाए, तो दिल्ली में बैठे-बैठे कोई यह देख सकेगा कि एक व्यक्ति कहाँ जा रहा है, किससे मिल रहा है, बात कर रहा है, क्या ख़रीद रहा है, क्या खा-पी रहा है, इत्यादि। सरकार हमारी पूरी ज़िन्दगी को अपनी नज़र में रख सकेगी। एक निजी व्यक्ति के सामने, सरकारी तंत्र पहले से ही इतना बलवान है (सोचिए, कभी आपको जब पुलिस वाले ने बेवजह रोका हो, आपने अपने आपको कितना कमज़ोर महसूस किया, हालाँकि आपने कोई ग़लती नहीं की), वो तंत्र और सशक्त होगा।

जब से एडवर्ड स्नोडेन ने नेशनल सिक्युरिटी एजेंसी (NSA) के बारे में खुलासा किया है, दुनिया ने यह जाना है कि डाटा कम्प्यूटिंग क्षमता कितनी बढ़ गई है। हज़ारों-करोड़ों डाटा से काम की जानकारी छाँट लेना मुमकिन है। अमेरिका में वहाँ की सरकार लोगों के काफ़ी डाटा पर नज़र रखे हुए थी। जब यह बात सामने आई तो वहाँ तकनीक द्वारा निजता की हानि पर क़ाफ़ी वाद-विवाद हुआ। यहाँ आधार द्वारा ऐसा ढाँचा तैयार कर रहे हैं जो निजता पे प्रहार की क्षमता में शायद NSA से भी मज़बूत होगा।

कई लोगों का मानना है कि निजता का सवाल केवल एक विशिष्ट

वर्ग, एलीट लोगों को सताता है। लेकिन मेरा यह मानना है कि निजता और लोकतंत्र में गहरा सम्बन्ध है—यदि निजता की हानि होगी, सरकार की हमारी ज़िन्दगी में निगरानी रखने की क्षमता बढ़ेगी, तो इससे हम अपनी सोच और व्यवहार को बदलेंगे। स्वयं को सेन्सर (रोकेंगे) करेंगे, हम सहम जाएँगे, सवाल उठाने में हिचकिचाएँगे, खुले मन से अपने विचार प्रकट नहीं कर पाएँगे। क्या ऐसे माहौल में वास्तविक लोकतंत्र पनप सकता है? ऐसी स्थिति में लोकतांत्रिक प्रक्रिया कमज़ोर होगी, मर्ज़ी से जीने की आज़ादी पर प्रहार होगा।

यूपीए-2 के समय में सरकारी प्रोपगैंडा के द्वारा हमारे दिमाग़ में यह बात डाल दी गई कि आधार कमज़ोर लोगों की मदद करेगा, उन्हें पहचान के साथ-साथ अधिकार उपलब्ध करवाएगा, भ्रष्टाचार कम होगा, यह ग़लतफहमी हम अपने दिमाग़ से हटा दें। आज समय आ गया है आधार को कल्याणकारी का जो मुखौटा पहनाया गया, उसे हम नकारें, और इसकी असली पहचान—निजता, निगरानी के हनन के रूप में समझें।

(*नवभारत*, 9 अप्रैल, 2017)

13

दो मुखबिरों की कहानी

कम्प्यूटर साइंस के जगत में पिछले कुछ सालों से 'बिग डाटा', 'मशीन लर्निंग', 'आर्टिफिशियल इंटेलिजेन्स' जैसी तकनीकों ने खलबली मचाई हुई है। इन्हें दुनिया के भविष्य के रूप में देखा जा रहा है, और एक तरह से इन तकनीकों पर अन्धविश्वास जैसा बना हुआ है—इन पर सवाल उठना भी बेवकूफी का काम समझा जाता है। लेकिन पिछले दो हफ़्तों से फ़ेसबुक और केम्ब्रिज ऐनालिटिका की करतूतों से इन तकनीकों पर सवाल उठाने का आख़िर मौक़ा मिल गया है।

फ़ेसबुक और केम्ब्रिज ऐनालिटिका ने जो किया वो समझना ज़रूरी है, क्योंकि वो बड़े दावे करते हैं और क्योंकि वो इतने देशों में काम कर रहे थे। इस पूरे कांड में तीन महत्त्वपूर्ण खिलाड़ी हैं : फ़ेसबुक, जिसके पास करोड़ों लोगों की जानकारी (डाटा) है, और साथ ही उन लोगों के संजाल में कौन है, किस तरह के लोग हैं। दूसरा, केम्ब्रिज विश्वविद्यालय के साइकोलॉजी प्रोफ़ेसर कोगन जिन्होंने एक ऐप तैयार किया जिसे डाउनलोड करने से और जिनके जवाब देने से आपकी और आपके संजाल में सभी लोगों की जानकारी उनके पास पहुँच गई। तीसरा, केम्ब्रिज ऐनालिटिका जिनको कोगन ने यह डाटा बेचा और जिन्होंने इस डाटा के सहारे उन सब लोगों की राजनैतिक पसन्द-नापसन्द को परखा जाना। इसके बिना

पर, आरोप है कि लोगों पर, चुनाव में एक प्रकार के बर्ताव का दबाव डाला गया।

केम्ब्रिज ऐनालिटिका पर यह आरोप है कि लोकतांत्रिक प्रक्रिया में उन्होंने इस तरह से लोगों की राजनैतिक सोच और मानसिकता को प्रभावित किया जिसे हम मैनिप्युलेशन और ज़बरदस्ती कह सकते हैं। चुनाव में अपने ग्राहक उम्मीदवार को हमारे सामने उस रूप में पेश किया गया, जिस रूप में हम उसे देखना चाहते हैं। यदि बीस लोगों की उस उम्मीदवार से बीस अलग आकांक्षाएँ हैं जो आपस में टकराती हैं, तो हमें वही उम्मीदवार बीस अलग रूप में दिखाया जाएगा। आपको हमेशा उसका वही रूप दिखेगा जिस रूप में आप चाहते हैं, और मुझे वो रूप नहीं दिखाया जाएगा। (इसको माइक्रो टार्गेटिंग कहते हैं, और अभी तक इसका इस्तेमाल केवल सामान के विज्ञापन में किया जाता था)।

क्रिस वाइली वो मुखबिर है जिसने दुनिया के सामने यह पूरी बात रखी कि किस तरह से उनकी निजी जानकारी का, उनके ज्ञान के बिना, लोकतंत्र में चुनाव और मतदान की प्रक्रिया को कमज़ोर करने में इस्तेमाल किया गया।

हालाँकि फ़ेसबुक कांड महत्त्वपूर्ण है, केवल फ़ेसबुक और केम्ब्रिज ऐनालिटिका ही नहीं जो इस तरह की तकनीक और डाटा का दुरुपयोग करते हैं। पिछले कुछ सालों से, इन तकनीक को 'भला करने के औज़ार' के पाक रूप में ही हमारे सामने रखा गया है। माना जा रहा है कि अमेरिका में सिलिकॉन वैली ने इस पर रिसर्च पर ख़ूब पैसा लगाया है कि जब आर्टिफिशियल इंटेलिजेन्स से नौकरियाँ कम हो जाएँगी, तो ऐसे समाज में कैसे गुज़र-बसर हो। दूसरी तरफ़, टेक कम्पनियाँ अमेरिकी सरकार पर अपने पक्ष जुटाव पर पहले से कई गुना पैसा ख़र्च कर रही हैं ताकि उनके पक्ष को क़ानूनी दायरे से बचाकर रखा जा सके।

इन तकनीक की 'भला करने के औज़ार' वाली छवि में कितनी सच्चाई है? ज़रूर कुछ ऐसे अध्ययन हैं जहाँ इन तकनीक के इस्तेमाल से ऐसी सीख मिली है जो पहले नहीं पता थी—यह अध्ययन स्वास्थ्य, ट्रैफिक,

ज़ुर्म, इत्यादि से सम्बन्धित हैं। लेकिन उन कुछ ही अध्ययन को इतनी बार दोहराया गया, उनकी शक्ति और उपयोगिता को ज़रूरत से ज़्यादा बढ़ा-चढ़ा कर दर्शाया गया।

दूसरी ओर, इन्हीं तकनीक को भलाई के औज़ार की बजाय लोगों के ख़िलाफ़ 'हथियार' के रूप में भी इस्तेमाल किया जा रहा है। इन तकनीकों का यह नापाक चेहरा हमें कम ही दिखाया जाता है, हालाँकि इसी पर कैथी ओ'नील ने किताब लिखी है ('वेपन्स ऑफ़ मैथ डिस्ट्रक्शन')। इसमें वो समझाती हैं कि किस तरह इन तकनीक से लोगों की कमज़ोरी को पकड़ने में मदद मिलती है और फिर उस कमज़ोरी का उपयोग, उनके ख़िलाफ़, किया जाता है। इन तकनीक को इस्तेमाल करने वाले इनकी उपयोगिता को बढ़ा-चढ़ा कर प्रस्तुत करते हैं। साथ ही, हालाँकि यह दावा है कि इन तकनीक से निर्णय लेने की प्रक्रिया में पहले जो पक्षपात या पूर्वग्रह हुआ करते थे, वो हट जाते हैं, वास्तव में यह तकनीक उनको कहीं-कहीं और बढ़ा देती हैं।

हमारी रोज़मर्रा की ज़िन्दगी में जो डाटा उत्पन्न होता है, उससे ज़िन्दगी तो बेहतर बनाने की नीयत से कोई इस्तेमाल करे, वो एक बात है। लेकिन साथ ही एक भयावह पद्धति भी दिखाई देने लगी है। वो यह कि जहाँ ज़रूरत नहीं है, वहाँ भी हमें डाटा उत्पन्न करने पर मजबूर किया जा रहा है, केवल इस उद्देश्य से कि हमारी ज़िन्दगी की ज़्यादा से ज़्यादा जानकारी इस तरह के विश्लेषण के लिए उपलब्ध हो। एक उदाहरण : जब आप नकद ख़रीद करते हैं, तो किसी को यह नहीं पता कि आपने कपड़े ख़रीदे कि किताबें, या बाहर खाना खाया। डिजिटल पेमेंट्स से यह सब जानकारी विश्लेषण के लिए उपलब्ध होती है, और फिर कम्पनियों को यह पता चलता है कि आपके सामने किताबों, कपड़ों या रेस्टोरेंट के विज्ञापन देने चाहिए। पिछले कुछ समय से डिजिटल पेमेंट को नकद के मुक़ाबले इसी वजह से बेहतर दर्शाया जा रहा है, नकद की तुलना काले धन से की जा रही है। इस नज़रिए से देखें तब समझ आती है कि क्यों डिजिटल अर्थव्यवस्था (और डाटा) हमारे निजता के अधिकार पर प्रहार है।

कई विशेषज्ञों ने चेतावनी दी है कि हमारी जानकारी, इन तकनीकों को औज़ार के रूप में काम लेते हुए, हमारे ही ख़िलाफ़ इस्तेमाल की जाती है। उदाहरण के लिए, भिन्न प्रकार की बीमा कम्पनियाँ बदनाम हुई हैं—अलग लोगों से अलग किस्त माँगा जाता है, जिसमें इस तरह का डाटा काम में लिया जाता है।

हार्वर्ड विश्वविद्यालय के ब्रूस श्नेयर डिजिटल दुनिया में दो तरह की निगरानी के ख़िलाफ़ चेताते हैं। कम्पनियों द्वारा और सरकार द्वारा। अब तक यह समझा जाता था कि डाटा माइनिंग को विज्ञापन की माइक्रो टार्गेटिंग में जिस तरह से इस्तेमाल किया गया उससे ही लोगों का सबसे ज़्यादा नुकसान हुआ। लेकिन क्रिस वाइली ने फ़ेसबुक और केम्ब्रिज ऐनालिटिका के बारे में सनसनीखेज़ खुलासे किए हैं जिससे मालूम होता है कि इन्हीं तकनीकों का दुरुपयोग लोकतांत्रिक प्रक्रिया में भी किया गया।

सरकारी निगरानी की बात करें तो 2013 में एडवर्ड स्नोडेन ने सबसे बड़े खुलासे किए। उन्होंने अपने ही देश की सरकार के बारे में बताया कि किस तरह वह 'मास सर्विलांस' में लगी हुई थी। 'नेशनल सिक्युरिटी एजेन्सी' अमेरिकी नागरिकों की फ़ोन और एमाइल पर भी नज़र रख पा रही थी। यह सब डाटा माइनिंग तकनीक की वजह से ही मुमकिन हो पाया।

वाइली और स्नोडेन में एक अन्तर अहम है। चूँकि वाइली ने कम्पनियों के कुकर्मों के खुलासे किए हैं और इसके फलस्वरूप अभी तक के संकेत से लग रहा है कि उन कम्पनियों पर कुछ न कुछ कार्यवाही होगी। दूसरी तरफ़, स्नोडेन ने अपनी सरकार के बारे में खुलासा किया, तो उन्हें अपना देश छोड़ना पड़ा और अभी तक रूस में आश्रय लेकर बैठे हैं। (स्नोडेन की गिरफ़्तारी)

इस सबमें हमारे सोचने लायक भी कई सवाल हैं : एक तरह से देखा जाए तो आधार सरकार द्वारा रचित, एक मेगा-फ़ेसबुक प्रोजेक्ट है। वो इसलिए कि एक ही नम्बर से हमारी ज़िन्दगी के अलग-अलग पहलुओं को एक आधाररूपी सूत्र में बाँधा जा रहा है।

फ़ेसबुक की तरह आधार के ढाँचे में भी निजता और स्वेच्छा (कन्सेंट)

को ख़ास तवज्जो नहीं दी गई। याद करिए किस तरह जब लोगों ने एयरटेल मोबाइल से आधार जोड़ा तो लोगों के अनुमति के बिना, उनके एयरटेल अकाउंट खोल दिए गए और उसमें पैसे आने लगा। यदि हम डाटा सम्बन्धित क़ानून लाते भी हैं, तो देश में उन क़ानूनों को कितनी सख़्ती से लागू किया जाएगा? और हममें से कितने ऐसे लोग हैं जो इस तरह के ढाँचे में अपने आपको सुरक्षित रख पाएँगे? आधार मामले में सर्वोच्च न्यायालय में चल रहे केस में कई कम्पनियों ने भी याचिका दायर की है कि उनके धन्धे के लिए आधार का होना अनिवार्य है।

आधार से सम्बन्धित प्राधिकरण ने चाहे एक ही रट लगाई है कि 'ऑल इज़ वैल', लेकिन जिस तरह से डाटा लीक की ख़बरें आ रही हैं उनका यह कहना चुटकुलों का मुद्दा बनकर रह गया है। दूसरी ओर, जिन मुखबिरों ने इन कमज़ोरियों का खुलासा किया, उनके ख़िलाफ़ प्राथमिकी दायर की गई!

यदि इन तथ्यों को लेते हुए आकलन करें, तो यहाँ स्नोडेन या वाइली से भी ज़्यादा घबराने के ज़रूरत है। क्योंकि यहाँ, वाइली की तरह हम केवल कम्पनियों के बल के ख़िलाफ़ या स्नोडेन की तरह केवल सरकार के बल के ख़िलाफ़ नहीं हैं, बल्कि दोनों के मिले-जुले बल के ख़िलाफ़ होंगे।

(*नवभारत*, अप्रैल, 2018)

14

सर्वोच्च न्यायालय के निर्णय को नकारता अध्यादेश

आधार मामले में, सर्वोच्च न्यायालय के अन्तिम निर्णय में, मेजोरिटी जजों ने, जिन्होंने वैसे तो आधार परियोजना को संवैधानिक ठहराया, आधार अधिनियम के सेक्शन 57 को असंवैधानिक करार किया। सेक्शन 57 वह धारा है जिसके बूते पर निजी कम्पनियाँ, जैसे कि मोबाइल फ़ोन, बैंक, इत्यादि, पहचान के सत्यापन के लिए आपसे आधार माँग सकते थे।

सेक्शन 57 को असंवैधानिक करार देने के लिए सर्वोच्च न्यायालय के पास जायज़ कारण थे। एक तो यह कि आधार अधिनियम को 'मनी बिल' के रूप में स्वीकार्य करना तब ही मुमकिन था जब इसमें से निजी कम्पनियों को हटा दिया जाए। किसी भी बिल को मनी बिल का दर्जा तब ही मिल सकता है जब उसके प्रावधान केवल 'कंसोलिडेटेड फंड ऑफ़ इंडिया' से सम्बन्ध रखते हों। याद रहे कि भाजपा सरकार ने आधार अधिनियम को पारित करवाने के लिए मनी बिल का सहारा लिया था। मनी बिल होने से सरकार को इसे राज्यसभा में पारित करवाने की ज़रूरत से निजात मिल गई, जहाँ भाजपा का बहुमत नहीं है।

हालाँकि मेजोरिटी जजों की राय में निजी कम्पनियों को हटा देने से आधार अधिनियम का मनी बिल होना स्वीकार्य था, जस्टिस चन्द्रचूड़ की

राय में, यदि निजी कम्पनियों को हटा भी दें, तो भी आधार अधिनियम को मनी बिल का दर्जा नहीं दिया जा सकता। उन्होंने अपनी राय में लिखा था कि इसे मनी बिल का दर्जा देना 'संविधान पर धोखा' है।

सेक्शन 57 के सम्बन्ध में सब ही न्यायाधीश की चिन्ता थी कि इसका मकसद स्पष्ट नहीं है और यह आधार निजी कम्पनियों को अपनी मनमर्ज़ी से हमारी जानकारी का प्रयोग करने का अवसर प्रदान करता है।

बावजूद इसके, 2018-19 की सर्दियों के लोक सभा के सत्र में, सरकार ने एक "आधार और अन्य अधिनियम (अमेंडमेंट बिल)" लोक सभा में पेश किया और इसे पारित भी करवा लिया। इसके ऐसे प्रावधान थे जिनका मकसद था कि सेक्शन 57 में निजी कम्पनियों को हमारे आधार सम्बन्धित जानकारी तक का रास्ता फिर से खोल दिया जाए। चूँकि राज्यसभा इस पर चर्चा नहीं कर सकी, इसलिए यह बिल लैप्स हो गया। ऐसी स्थिति में सरकार इसे अध्यादेश के रूप में ले आई है। न सिर्फ़ यह सर्वोच्च न्यायालय के आदेश का उल्लंघन, बल्कि अध्यादेश लाने के नियमों का भी उल्लंघन है।

सोचने की यह बात है कि जिस प्रावधान को सर्वोच्च न्यायालय ने असंवैधानिक करार किया उसे सरकार वापस लाने की इतनी जल्दी में क्यों है कि अध्यादेश के रूप में लाने को भी तैयार हो गई? यह सवाल इसलिए भी उचित है क्योंकि लगातार दस सालों से सरकार हमें बता रही है कि आधार जीने के हक़ के लिए, ग़रीबों तक उनके हक़ पहुँचाने के लिए, ज़रूरी है। हालाँकि सरकार के इस दावे पर सवाल उठाए गए हैं, और जस्टिस चन्द्रचूड़ ने भी इन सवालों को जायज़ ठहराया है। तो यदि आधार सरकारी कल्याणकारी योजनाओं के लिए है, तो फिर निजी कम्पनियों का इसमें क्या लेना-देना?

वास्तव में सच तो यही है कि आधार का सामाजिक सुरक्षा से कुछ ख़ास लेना-देना है ही नहीं। पहले से ही आधार का मकसद था कि निजी कम्पनियों के लिए हमारे निजी डाटा की माइनिंग का रास्ता खोला जाए जिसे वे अपने नफे के लिए इस्तेमाल कर सकें। जब सर्वोच्च न्यायालय में

आधार के भविष्य और अस्तित्व पर बहस चल रही थी, तब भी निजी कम्पनियाँ निजी डाटा माइनिंग पर आधारित कारोबार में ख़ूब पैसों का निवेश कर चुकी थीं। जब ऐसा प्रतीत होने लगा कि न्यायालय आधार मामले को गम्भीरता से सुन रहा है, कुछ ऐसी कम्पनी वाले घबराकर, आधार के बचाव में, कोर्ट भी गए। जब सितम्बर 2018 में न्यायालय अपने निर्णय में निजी कम्पनियों का रास्ता रोक दिया तब, लीक की गई ऑडियो रिकॉर्डिंग से पता चला कि ऐसी कम्पनियाँ सरकार पर दबाव डालने की तैयारी कर रही थी। याद रहे कि यह कम्पनियाँ विनोद खोसला, संजय जैन, शरद शर्मा जैसे लोगों की हैं, जो एक ज़माने में सरकार में 'वालंटियर' के रूप में आधार का ढाँचा खड़ा करने का काम कर रहे थे।

इससे मन में एक सवाल यह उठता है कि आधार से यदि कुछ कम्पनियों का धन्धा पनपता है तो उससे किसी को आपत्ति क्यों हो? इसके लिए निजी डाटा माइनिंग पर टिके धन्धे और उससे जुड़ी चिन्ताओं को समझना होगा। इसके लिए अमेरिका में एक्वीफैक्स नाम की कम्पनी द्वारा डाटा लीक के क़िस्से से हम कुछ सीख सकते हैं। आधार के प्रशंसक हमेशा आधार की तुलना अमेरिका के सोशल सिक्युरिटी नम्बर (SSN) से करते हैं। वैसे SSN और आधार की तुलना करना उचित नहीं है, फिर भी जिस तरह से आधार को हमारी वित्तीय जानकारी—ख़ासकर बैंक खाते और आयकर में इस्तेमाल होने वाले PAN नम्बर से जोड़ा जा रहा है, यह सम्भावना ज़रूर पैदा होती है कि आधार SSN की तरह हो सकता है। जो पहले केवल कल्याणकारी योजनाओं के लिए था, चुपके से हमारी वित्तीय जानकारी से जुड़ गया और अभी निजी कम्पनियों के हाथ में भी होने की सम्भावना है—इस प्रवृत्ति को 'फंक्शन क्रीप' (इसकी तुलना कैंसर से भी कर सकते हैं) का नाम दिया गया है।

यदि हमारी सब जानकारी—निजी, वित्तीय, इत्यादि—आधार जैसे नम्बर से जुड़ी हुई हो, एक ऐसा नम्बर जिसे आप कभी नहीं बदल सकते, तो ऐसे नम्बर के सार्वजनिक होने से क्या नुकसान हो सकते हैं यह समझना ज़रूरी है। इसमें 2017 में एक्वीफैक्स कम्पनी द्वारा लीक किए गए SSN

का क़िस्सा मददगार है। 2017 में एक्वीफैक्स ने लगभग अमेरिका की आधार आबादी की जानकारी, जिसमें शायद नाम, पता, जन्म तारीख़, SSN इत्यादि शामिल थे, लीक कर दिए। इसके होने से उन लोगों को एक्वीफैक्स ने उन लोगों के लिए, ज़िन्दगी भर 'आइडेंटिटी फ्रॉड' का शिकार होने का ख़तरा पैदा कर दिया है। आइडेंटिटी फ्रॉड यानी आप मेरे नाम से खाता खोल सकते हैं, लोन ले सकते हैं, इत्यादि। चिन्ता की बात यह भी है कि एक्वीफैक्स पहली बार ऐसा नहीं कर रहा था, फिर भी आज तक उस कम्पनी पर कोई कार्यवाही नहीं की गई। उसकी जवाबदेही तय नहीं।

यह सब आधार और UIDAI जैसा ही प्रतीत होता है। यह अब आम ख़बर हो चुकी है कि आधार नम्बर फलाँ सरकारी वेबसाइट पर छाप दिए गए हैं, या फलाँ जगह से ख़रीदे जा सकते हैं। बावजूद इसके, UIDAI का दावा रहा है कि आधार नम्बर सार्वजनिक होने से किसी का कोई नुकसान नहीं हुआ (उनके पूर्व अधिकारी राम सेवक शर्मा ने तो अपना आधार नम्बर ट्वीट कर दिया)। सवाल यह यदि आधार नम्बर सार्वजनिक होने से कोई नुकसान नहीं, तो फिर इसे आधार अधिनियम में गैरकानूनी क्यों ठहराया गया है? दूसरी बात, UIDAI यह अभी कहती है कि उनके यहाँ से कभी भी डाटा लीक नहीं हुआ। लेकिन यह भी हमें बहकाने वाली बात है क्योंकि जिसकी जानकारी की चोरी हुई हो, उसे इस बात से मतलब नहीं कि चोर खिड़की से आया कि दरवाज़े से। उसे सिर्फ़ इस बात की चिन्ता है कि उसकी जानकारी की है, जिसका दुरुपयोग मुमकिन है। आज तक अख़बारों में आधार सम्बन्धित फ्रॉड के 200 से ज़्यादा क़िस्से सामने आ चुके हैं।

एक तरफ़ सरकार निजी कम्पनियों के लिए हमारी जानकारी प्राप्त करने का दरवाज़ा खोल रही है, उन्हें यह जानकारी रखने की इजाज़त दे रही है; दूसरी ओर, सरकार हमारे लिए आधार नम्बर सब जगह लिंक करने को अनिवार्य बना रही है। इससे हमारी जानकारी लीक होने की गुंज़ाइश बढ़ जाती है। चिन्ता की बात यह भी है कि देश में अब तक कोई डाटा प्रोटेक्शन क़ानून नहीं बना। ऊपर से भारतीय समाज में आज की तारीख में क़ानूनी और डिजिटल साक्षरता की कमी है। ऐसे में आधार जैसा ढाँचा खड़ा करना,

जो हमारी सभी जानकारी को एक ही नम्बर से जोड़ दे, आत्महत्या से कम नहीं। इस सबको देखते हुए, सर्वोच्च न्यायालय ने सेक्शन 57 को असंवैधानिक ठहराकर आम जनता के लिए एक बड़ी सुरक्षा प्रदान की थी।

अपने आख़िरी निर्णय में न्यायालय ने सरकार को और भी आदेश दिए थे—यदि किसी की जानकारी लीक होती है तो उस व्यक्ति के लिए शिकायत का ज़रिया होना चाहिए। UIDAI की जवाबदेही तय करने का प्रावधान होना चाहिए; इसके बिलकुल विपरीत, आधार अध्यादेश में UIDAI का दायरा और बढ़ा दिया गया है, और जवाबदेही तय करने के लिए कोई ख़ास क़दम नहीं उठाए गए।

आधार परियोजना कॉरपोरेट और सरकारी शक्तियों का एक ख़तरनाक मेल है, जो इन दोनों के हाथों में नियंत्रण को केन्द्रित करता है। यह लोकतंत्र के लिए अच्छा संकेत नहीं। जिस तरह से आधार अधिनियम लाया गया और अब जिस तरह से आधार अध्यादेश सर्वोच्च न्यायालय के निर्णय के विरुद्ध जा रहा है उससे यही प्रतीत होता है कि आधार लोकतंत्र की गरिमा और भावना से बाहर है।

(*ब्लूमबर्ग क्विंट* में अंग्रेज़ी में 1 मार्च, 2019 को छपा लेख।)

पुनश्च

इस किताब में शामिल लेखों के समय में आधार परियोजना के मोर्चे पर कई अहम बातें हुईं। संकलन में शामिल लेख साल 2012 से 2018 के दौरान, यानी आधार की संवैधानिक वैधता के मसले पर सुप्रीम कोर्ट का फ़ैसला आने के एक साल पहले लिखे गए थे। साल 2018 के शुरुआती महीने में आधार परियोजना पर चल रही सुनवाई समाप्त हुई और फ़ैसला 26 सितम्बर, 2018 को आया लेकिन फ़ैसले से बहस पर विराम नहीं लगने वाला। संकलन में शामिल लेखों में जो मुख्य तर्क और सरोकार दर्ज किए गए हैं वे भावी परियोजना तथा उन देशों के लिए प्रासंगिक हैं जो आगे के वक़्त में इस राह पर जा सकते हैं (या यों कहें कि इस राह पर चलने के लिए हाँके जा सकते हैं)। 'पुनश्च' के नाम से लिखे गए किताब के आख़िर के इन पन्नों में 2018 में आधार के मोर्चे पर हुए मुख्य बदलावों को आँकने तथा आगे के वक़्त में सामने आने वाले सम्भावित मंजर को समझने की कोशिश की गई है।

अन्तिम सुनवाई

साल 2018 की जनवरी के मध्य से आख़िरकार आधार को लेकर सुनवाई आरम्भ हुई। सुनवाई में देरी की वजह बनी वह 'फिरकी' (गुगली) जो सरकार ने 2015 में फेंकी—उस समय सरकार ने कहा कि निजता का अधिकार मौलिक अधिकारों की श्रेणी में आता है या नहीं, इसका फ़ैसला

नौ जजों की बेंच से होना चाहिए। व्यापक तौर पर मान्यता यही है कि निजता के अधिकार को मौलिक अधिकार करार(या फिर नकार) देने का मामला नौ जजों की बेंच के हवाले करने की माँग करना दरअसल एक क़ानूनी दाँव था, इसके सहारे कोशिश सुनवाई में देर करने की थी ताकि मिले हुए वक़्त में आधार फैलकर इतना व्यापक रूप ले ले कि उसे नकारना नामुमकिन हो जाए—स्वीकार करने के अलावा कोई और चारा ही न रहे।

कम से कम एक अर्थ में सरकार का यह दाँव सरकार पर उलटा आन पड़ा हो, ऐसा हो सकता है। साल 2017 के मध्य में नौ जजों की बेंच बनी जिसे यह फ़ैसला करना था कि निजता का अधिकार मौलिक अधिकार है या नहीं। इस बेंच ने सर्व-सम्मति से याचिकाकर्ता के पक्ष में एक ऐतिहासिक फ़ैसला सुनाया। निजता के अधिकार के मामले में आए इस फ़ैसले के निहितार्थ सिर्फ़ आधार-मामले के लिए ही नहीं बल्कि अन्य मामलों में भी अहम साबित हो सकते हैं। फ़ैसले से निजता की धारणा की हमारी समझ इस डिजिटल-युग के एतबार से गहरी हुई है। जो लोग शुरू में आधार परियोजना पर सवाल उठाकर धारा के विपरीत चले, उन्हें फ़ैसले से बल मिला है।

सुनवाई में देरी एक अन्य अर्थ में भी मददगार साबित हुई हो सकती है। साल 2015 तक आधार के कारण सबसे ज़्यादा परेशानी उठाने वाला तबका ग्रामीण ग़रीब जन का था। ग्रामीण ग़रीब ही सामाजिक कल्याण की योजनाओं के मुख्य लाभार्थी हैं। इन लोगों की परेशानियों को बड़ी आसानी से दरकिनार कर दिया गया। लेकिन 2016 से सरकार ने आधार को तकरीबन हर जगह अनिवार्य बनाना शुरू कर दिया। यह भी नहीं बताया कि ऐसा करने के पीछे औचित्य क्या है और निजी क्षेत्र की कम्पनियाँ भी इसकी माँग करने लगीं। ऐसे में खाते-पीते घरों के लोग आधार के लचर तकनीकी-परिवेश (ईको-सिस्टम) के चपेटे में आए। खाते-पीते घरों के लोगों को भी उन्हीं परेशानियों का सामना करना पड़ा जो अब तक भारतीय समाज के हाशिए के तबके के लोगों के मत्थे आई थीं। खाते-पीते घरों के लोगों ने देखा कि कहीं उनके नाम के हिज्जे ग़लत लिखे हैं तो कहीं आधार

नम्बर की सीडिंग ग़लत हो रखी है। किसी मामले में कहा जा रहा है कि अपने बायोमैट्रिक्स के लिए फिर से पंजीकरण करवाइए तो कहीं यही नहीं सूझ रहा कि आधार नम्बर को अनिवार्य बनाने के कारण हो रही परेशानियों की हालत में अपना दुखड़ा सुनाने किस जवाबदेह व्यक्ति के पास जाएँ। सुनवाई के दौरान एक जज की टिप्पणी थी कि उँगलियों की छाप के आधार पर सत्यापन करने के कारण उनकी माताजी को पेंशन हासिल करने में परेशान होना पड़ता। लोक-कल्याण के काम में आधार के कारण नुकसान हो रहा है—इस बात को अब ज़्यादा व्यापक दायरे में स्वीकृति मिली। इसकी एक वजह वे स्वतंत्र शोध-अध्ययन भी हो सकते हैं जिनमें लोक-कल्याण के कार्यक्रमों में आधार को ज़बर्दस्ती लागू करने से होने वाले नुकसानों का आकलन किया गया था।

इन तमाम बातों के कारण लोगों के मनोभाव में आधार को लेकर बड़ा बदलाव आया। साल 2015 में आधार को लेकर अदालत कोई विपरीत फ़ैसला सुनाती या फिर आधार पर किसी क़िस्म की पाबन्दी आयद करती तो बड़ी आसानी से आरोप मढ़ा जा सकता था कि अदालत ने विधायिका के क्षेत्र में दख़लन्दाज़ी की है। साल 2018 के आते-आते आधार के ऐसे शुरुआती समर्थक (इन्हें आधार परियोजना की मीडिया रणनीति की शब्दावली में एन्फ्लुएंसर्स कहा गया है) की तादाद बढ़ चली थी जो 2016 के बाद से बदलते मंजर को लेकर चिन्तित थे। इस कारण, साल 2018 के शुरुआती महीनों में जब आधार मामले में अन्तिम सुनवाई शुरू हुई तो सरकार के लिए आधार को लोक-कल्याण के कार्यक्रमों के लिए ज़रूरी बताने सरीखा तर्क देना कठिन हो गया जबकि निजता के अधिकार पर आए फ़ैसले के बाद से सरकार ने मुख्य रूप से इसी तर्क को अपना मुख्य हथियार बनाया था।

सरकार की तरफ़ से आधार के पक्ष में बार-बार दोहराया जाने वाला एक तर्क यह है कि जीवन के अधिकार तथा संविधान के अनुच्छेद 21 में वर्णित अधिकारों को सुनिश्चित करने के लिहाज से आधार अहम भूमिका निभा सकता है। यों इस तर्क को अदालत में भी ख़ारिज किया जा चुका है और सार्वजनिक बहस में भी। सरकार ने तर्क तो रख दिया लेकिन ऐसा

कोई प्रमाण नहीं दिया जिससे लगे कि ये दोनों बातें (आधार और जीवन का अधिकार तथा संविधान के अनुच्छेद-21 में वर्णित अधिकार) आपस में जुड़ी हुई हैं। अन्तिम सुनवाई में अटॉर्नी जनरल आधार के पक्ष में मुख्य दलील के तौर पर यही कहते नज़र आए कि अदालत को निजता के अधिकार तथा लाखों लोगों के जीवन के अधिकार के बीच एक सन्तुलन बैठाकर सोचना चाहिए। अटॉर्नी जनरल का दावा था कि जीवन का अधिकार दरअसल आधार से सुनिश्चित होता है।

दलील के इस ढर्रे के साथ कई दिक़्क़तें हैं। एक अर्थ में देखें तो आधार कई लोगों के 'जीवन के अधिकार' पर एक हमले सरीख़ा है क्योंकि जो लाभ (जैसे—पेंशन, राशन, आदि) उन्हें पहले से मिलते आ रहे थे वे अब 'आधार' पर निर्भर हो गए हैं। स्वतंत्र रूप से हुए शोध तथा सरकारी आँकड़ों से पता चलता है 'आधार' की चपेट में आए लोगों की तादाद लाखों में है। पहले के वक़्त में लोग राशन हासिल करने के लिए सिर्फ़ डीलर के रहमो-करम पर निर्भर थे। लेकिन अब लोगों को राशन हासिल करने के लिए बिजली की आपूर्ति, प्वाइंट ऑफ़ स्केल मशीन, सर्वर तथा उँगली के छापे के सत्यापन सरीखी कई बातों पर एक साथ निर्भर होना पड़ रहा है। अगर इनमें से कोई भी एक चीज़ सही से काम नहीं कर रही हो तो उन्हें राशन के लिए घर के किसी और सदस्य को भेजना पड़ेगा या फिर राशन के लिए किसी और वक़्त दुकान का फेरा लगाना पड़ेगा। जब ये पन्ने प्रेस में छपने के लिए जा रहे हैं तो भारत की मीडिया में इस आशय की ख़बरें आ चुकी हैं कि आधार न होने की बिना पर राशन देने से इनकार किए जाने के कारण कम से कम 40 लोग भुखमरी की भेंट चढ़ चुके हैं। विडम्बना देखिए कि 'आधार' लोगों को जीवन के अधिकार से ही वंचित कर रहा है लेकिन अदालत के सामने दलील ये पेश की जा रही है कि 'आधार' ग़रीब जन का सशक्तीकरण कर रहा है।

गौर करें कि न्यायमूर्ति चन्द्रचूड़ ने निजता के अधिकार विषयक अपने 2017 के फ़ैसले में अटॉर्नी जनरल की इस दलील को ख़ारिज कर दिया था कि सामाजिक कल्याण से जुड़ी हक़दारियों के सन्दर्भ में निजता के

अधिकार को तिलांजलि दे दी जानी चाहिए (215)। न्यायमूर्ति ने कहा कि ये दलील तो पहले भी दी गई है कि सामाजिक कल्याण से जुड़ी हक़दारियाँ निजता के अधिकार की तुलना में कहीं ज़्यादा बदतर हैं और ऐसी दलील को अदालत ने पहले भी ख़ारिज किया है। न्यायमूर्ति ने इन दोनों अधिकारों को एक-दूसरे का पूरक बताया था। जस्टिस चन्द्रचूड़ के मुताबिक : 'सिविल एवं राजनीतिक अधिकार तथा सामाजिक-आर्थिक अधिकार परस्पर एक-दूसरे के विरोधी नहीं हैं।'

अन्तिम सुनवाई का एक अहम पक्ष यह भी है कि सरकार को कुछ बातें माननी पड़ीं। भारतीय विशिष्ट पहचान प्राधिकरण (यूआईडीएआई) की तरफ़ से अदालत में मौजूद राकेश द्विवेदी ने कहा कि अगर अदालत को लगता है कि क़ानून में खोट है तो उसे सीधे-सीधे निरस्त करने तथा ऐसे प्रतिबन्ध आयद करने की जगह जो आधार अधिनियम के कुछ प्रावधानों पर लागू हो सकते हैं, पहले मरम्मती के छोटे-मोटे प्रयास कर लेने चाहिए। इस तरह, सरकार ने इस दलील के बरअक्स कि निजता के अधिकार को जीवन के अधिकार के साथ सन्तुलन बैठाकर देखा जाना चाहिए, अनचाहे ही सही शायद पहली बार यह स्वीकार किया कि निजता के अधिकार को आधार परियोजना से चोट पहुँची है। एक जज ने सरकार की यह कहते हुए खिंचाई की कि वह लोगों को ज़बर्दस्ती अपने आधार नम्बर से अपना मोबाइल नम्बर लिंक करने के लिए मजबूर कर रही है और तर्क दे रही है कि सुप्रीम कोर्ट के आदेश के मुताबिक ऐसा करना ज़रूरी है। सरकार के लिए यह बात बड़े शर्मनाक की साबित हुई।

सरकार को अदालत के आगे यह भी बताना पड़ा कि बायोमैट्रिक सत्यापन के नाकाम होने की दर बहुत ज़्यादा है और इस कारण बड़ी तादाद में लोग अपवर्जन के शिकार हो रहे हैं। डाटा शेयरिंग तथा ऑथेंटिकेशन (सत्यापन) लॉग के मसले पर राकेश द्विवेदी ने दलील दी कि अदालत को एक डॉक्टर की भूमिका निभानी चाहिए और मरीज की जान बचाने की बात सोचनी चाहिए। मतलब, उन्होंने खुले तौर पर स्वीकार किया कि आधार परियोजना के साथ कुछ न कुछ तो गड़बड़ है ही। द्विवेदी का दावा

था कि यूरोपीय संघ के क़ानूनों के विपरीत जिनमें डाटा को सुरक्षा प्रदान की गई है, आधार दरअसल डाटा के प्रवाह को रोक रखने से वाबस्ता है। हालाँकि, व्यावसायिक हितों वाले कॉरपोरेशनों की नुमाइंदगी करने वाले वकीलों ने द्विवेदी की इस दलील के तुरन्त बाद ही अदालत से कहा कि आधार परियोजना को बचाना ज़रूरी है क्योंकि आधार से जुड़े डाटा के प्रवाह पर ही उनके मुवक्किल का व्यावसायिक हित निर्भर करता है!

याचिकाकर्ता ने जो मुद्दे उठाए हैं उनसे कतराकर बच निकलने की मंशा से सरकार ने याचिकाकर्ता के तर्कों को तोड़-मरोड़कर पेश किया, ऐसे तर्कों की आड़ी-तिरछी व्याख्या की। सरकार इस मामले में बड़ी अव्वल साबित हुई और उसकी यह सलाहियत एकदम से दिमाग़ चकरा देने वाली है। अदालत को भटकाने का एक बड़ा मुद्दा तो यही साबित हुआ कि आधार किस तरह निजता के अधिकार के आड़े आता है। मिसाल के लिए, जब अदालत को यह बताया गया कि आधार के ज़रिए लोगों की प्रोफ़ाइलिंग करना और लोगों की निगहबानी करना मुमकिन हो गया है तो सरकार बारम्बार यही दोहराती रही कि आधार परियोजना में लोगों से उनकी बड़ी कम जानकारी माँगी जाती है, भारतीय विशिष्ट प्राधिकरण के पास लोगों के बारे में बहुत कम सूचनाएँ हैं। हालाँकि, अदालत के सामने यह बात साफ़ कर दी गई थी कि ख़तरा भारतीय विशिष्ट पहचान प्राधिकरण के पास मौजूद लोगों की सूचनाओं की तादाद और उसके संग्रहण से नहीं, बल्कि इस बात से है कि अब आधार नम्बर कई सारे डाटाबेस में दर्ज हो चुका है और वहाँ इन नम्बरों के इस्तेमाल को लेकर प्रतिबन्ध या तो नाममात्र का है या फिर एकदम ही नहीं।

आधार की बिना पर लोगों का अपवर्जन हो रहा है, उन्हें सेवा और सामान देने से इनकार किया जा रहा है लेकिन इनसे जुड़े सरोकारों को सरकार गुमराह करने में लगी है। अपने बचाव में सरकार ने बारम्बार यही दोहराया कि कुछ छूट देने की गुंजाइश बरकरार रखी गई है लेकिन सच्चाई तो यह है कि अपवर्जन के नाम पर एनरोलमेंट आईडी (पंजीकरण आईडी) का इस्तेमाल करने की बात है जबकि अपवर्जन का कारण पंजीकरण नहीं लिंकिंग और

सत्यापन की उपज है और सरकार जिस तथाकथित छूट की गुंज़ाइश की बात कर रही है, वह जो पंजीकरण, लिंकिंग या फिर सत्यापन के इन तीन स्तरों पर काम नहीं कर रहे होते तो लोग अपवर्जन का शिकार होते हैं।

आधार मामले पर अदालत का फ़ैसला

साल 2018 के 26 सितम्बर को सुप्रीम कोर्ट की संवैधानिक पीठ ने आधार मामले में 4:1 के बहुमत से एक खंडित फ़ैसला सुनाया। फ़ैसले में जजों ने तीन अलग-अलग राय रखी—एक राय जस्टिस सीकरी (सुप्रीम कोर्ट के चीफ़ जस्टिस तथा जस्टिस खानविलकर की तरफ़ से लिखा हुआ फ़ैसला जिसे बहुमत का फ़ैसले का एक हिस्सा माना गया) की थी, दूसरी राय जस्टिस भूषण की थी (इन चार जजों के फ़ैसले को बहुमत का फ़ैसला माना गया) जबकि तीसरी राय जस्टिस चन्द्रचूड़ की थी और इसका स्वर बहुमत के फ़ैसले से असहमति जता रहा था। फ़ैसले में आधार परियोजना की संवैधानिक वैधता को बहुमत से स्वीकार किया गया।

अदालत में आधार परियोजना के सामने मुख्य चुनौती निजता के अधिकार की थी क्योंकि निजता के अधिकार को भारत के संविधान में मौलिक अधिकार का दर्जा प्राप्त है। अधिनियम की अन्य धाराओं तथा सरकार के बनाए नियमों के अतिरिक्त, आधार अधिनियम की धारा 7 में राजसत्ता को आधार के उपयोग को अनिवार्य बनाने, उसका संग्रह करने, बैकएंड पर डाटाबेस में समायोजित करने तथा किसी व्यक्ति का पूर्णव्यापी प्रोफ़ाइल (360^0 प्रोफाइल) बनाने की अनुमति दी गई है। इससे सरकार के हाथों जनव्यापी निगरानी का खतरा पैदा हो गया है। दूसरी तरफ़, धारा 57 में निजी इकाइयों (फोन कम्पनी, मोबाइल बॉलेट, फूड तथा टैक्सी एग्रीगेटर्स आदि) को आधार माँगने की अनुमति दी गई है। व्यावसायिक उपक्रम पहचानपरक ब्यौरे छिपाते हुए (और यहाँ तक कि ऐसे ब्यौरे बगैर छुपाये भी) मेटाडाटा को तेज़ी से बढ़ते डाटा-ब्रोकिंग उद्योग को बेच सकते हैं। हमारा निजी (मेटा) डाटा व्यावसायिक उपयोग के लिहाज से बड़े काम

का है—इसके सहारे एक तो लक्ष्यवेधी विज्ञापन (टार्गेटेड एडवर्टिजमेंट) भेजे जा सकते हैं, दूसरे यह भी जाना जा सकता है कि कोई व्यक्ति स्वास्थ्य-बीमा, कार इंश्योरेंस या फिर कर्ज आदि लेने की स्थिति में है या नहीं)। अधिनियम की ये दो बातें (धारा 7 तथा 57) कार्पोरेट जगत के हाथों होने वाली निगरानी (सर्विलांस) को भी मुमकिन बनाती हैं और सरकार के हाथों होने वाली जनव्यापी निगरानी को भी—आधार परियोजना ऐसी निगरानी का एक उपकरण बनकर सामने आती है और इस अर्थ में उसे निजता के अधिकार के विरुद्ध माना जा सकता है।

सुप्रीम कोर्ट ने बहुमत वाले अपने फ़ैसले में सरकार के इस दावे को स्वीकार किया कि आधार परियोजना के ज़रिए सरकार जिन लक्ष्यों को हासिल करना चाहती है वे वैध हैं और परियोजना 'सन्तुलन साधने' (प्रोपोर्शनाल्टी) के सिद्धान्त के हिसाब से ठीक है। जस्टिस चन्द्रचूड़ ने अपने फ़ैसले के एक बड़े हिस्से में इन दो दावों से असहमति जताई, उन्होंने परियोजना के सन्तुलन साधने के सिद्धान्त पर ठीक होने के दावे पर ख़ास ऐतराज जताया।

धारा 57

ऐसे फ़ैसले के बावजूद, संवैधानिक पीठ ने बहुमत से लिखे अपने फ़ैसले में धारा 57 को असंवैधानिक करार दिया। अदालत के मुताबिक यह धारा सन्तुलन के सिद्धान्त के हिसाब से ठीक नहीं (सर्वोच्च न्यायालय, भारत 2018 : 434)। जस्टिस सीकरी ने कहा कि उन्हें 'धारा 57 के कुछ हिस्से आपत्तिजनक लगे' और उन्होंने इसे असंवैधानिक करार दिया (282); धारा 57 के आपत्तिजनक हिस्से के बारे में फ़ैसले में कहा गया है इसके आधार पर 'व्यावसायिक निकाय या फिर कोई व्यक्ति पहचान के सत्यापन की माँग कर सकता है' (293)। इसका अर्थ हुआ कि धारा 57 लोगों के निजता के अधिकार में दख़लन्दाज़ी करता है और उसकी इस दख़लन्दाज़ी को कोर्ट हद दर्जे के अतिक्रमण के रूप में देखा। धारा 57 को असंवैधानिक

करार देने से—अस्थायी तौर पर ही सही (इस संग्रहण के आख़िरी लेख को पढ़िए)—निजी डाटा के व्यावसायिक इस्तेमाल से सुरक्षा हासिल हो गई है यह इंडिया स्टैक सरीखे व्यावसायिक उपक्रमों के लिए एक बड़े आघात की तरह है क्योंकि ये उपक्रम ग्राहकों को पेपरलेस-प्रेजेन्सलेस-कैशलेस (ना कोई कागज-पत्तर, न आने की ज़रूरत और न ही नकदी देने की आवश्यकता) सेवा मुहैया कराने के अपने धन्धे में आधार का उपयोग एक धुरी की तरह करते हैं। आश्चर्य नहीं कि कोर्ट के फ़ैसले के बाद 'आधार ब्रिज' (इसे 'खोसला लैब' ने लांच किया है) के सीईओ (मुख्य कार्याधिशासी) निराश थे और कहा कि वे लोग डाटा-सुरक्षा का एक ऐसा क़ानून बनता देखना चाह रहे थे जो सेंट्रल आईडी रिपॉजिटॉरी (केन्द्रीय पहचान भंडारागार) तक उनकी पहुँच सुनिश्चित करे ताकि आईडी-सत्यापन का उनका मकसद पूरा हो सके।

धारा 7 और 8

धारा 7 में सरकार को इस बात की अनुमति दी गई है कि वह सब्सिडी (अनुदान), लाभ तथा सेवाओं की सुपुर्दगी के लिए लाभार्थियों से आधार-सत्यापन कराने को कहे। सरकार ने आधार परियोजना के बचाव में तर्क रखा कि निजता के अधिकार तथा जीवन के अधिकार के बीच सन्तुलन कायम किया जाना चाहिए। अदालत ने अपने बहुमत वाले फ़ैसले में लोक-कल्याण के बाबत सरकार ने जो दावे पेश किए थे, उसे स्वीकार किया साथ ही याचिकाकर्ता ने अपवर्जन को लेकर जो चिन्ताएँ जताई थीं, उससे सहमति जताते हुए कहा कि—

इस कार्यक्रम का पूरा मकसद ऐसे लाभ के हक़दार लोगों को व्यवस्था-तंत्र के भीतर शामिल करने का है। लाभ के हक़दार लाखों लोगों तक पहुँच बनाकर अगर यह कार्यक्रम एक बड़े मकसद को पूरा कर रहा है तो फिर इसे कुछ लोगों के अपवर्जन की अप्रमाणित दलील की बिना पर बलिवेदी पर नहीं चढ़ाया जा सकता। यहाँ हम लोग ज़ोर देकर कहना चाहते हैं कि

अगर अपवर्जन की समस्या है तो फिर अदालत उस समस्या को तुच्छ मानकर नहीं चल रही। (389)

बाद में, जजों ने अपने बहुमत वाले फ़ैसले में यह भी कहा है कि अधिनियम का मकसद चोरी को रोकना है और 'हम लोग यह मान चुके हैं कि यह अपने वैधानिक उद्‌देश्य को पूरा करता' (386)। इस तर्क के आधार पर अधिनियम की धारा 7 और 8 को कमोबेश सही माना गया।

धारा 7 के अन्तर्गत बड़ी राहत बच्चों और छात्रों (स्कूल में नामांकन के सन्दर्भ में) को दी गई है, वे चाहें तो वयस्क होने पर आधार नम्बर न रखने का विकल्प चुन सकते हैं। राष्ट्रीय स्तर की पात्रता परीक्षाओं जैसे (एनईईटी-NEET) को भी आधार की बाध्यता से मुक्त रखा गया है। लेकिन राहत बस इतनी ही भर हासिल है। अदालत में इस बात के पर्याप्त सबूत रखे गए कि लोग अपवर्जन का शिकार हो रहे हैं, सामाजिक विकास के कार्यक्रमों में आधार को अनिवार्य बनाने से उन्हें सेवा-सुविधा हासिल करने में इनकार और मुश्किल का सामना करना पड़ रहा है (देखें पुस्तक के कई अध्याय) लेकिन ऐसे तमाम साक्ष्यों के बावजूद अदालत ने अपने बहुमत वाले फ़ैसले में सरकार के इस दावे और आश्वासन को सीधे-सीधे मान लिया कि आधार तो लोगों को व्यवस्था-तंत्र में शामिल करने का एक साधन है और इससे भ्रष्टाचार से लड़ने में मदद मिलेगी। सरकार ने इसी दावे के आधार पर अदालत से कहा था कि परियोजना सन्तुलन के सिद्धान्त (लॉ ऑफ़ प्रोपोर्शनैलिटी) पर सही ठहरती है। बेशक, अपवर्जन के मसले पर अदालत ने अपने बहुमत वाले फ़ैसले में चिन्ता का इज़हार किया लेकिन साथ ही अदालत ने बड़े भोलेपन के साथ सरकार के इस आश्वासन को भी मान लिया कि किसी व्यक्ति को उसे हासिल हक़दारी से वंचित नहीं किया जाएगा। धारा 7 से एक चिन्ता यह जुड़ी हुई थी कि इसमें व्यक्ति की प्रोफ़ाइलिंग करने की गुंजाइश बनाए रखी गई है लेकिन बहुमत वाला फ़ैसला लिखने वाले जज इस दलील से सहमत नहीं थे। आधार मामले में आए फ़ैसले का सबसे निराशाजनक पहलू यही है।

हैरान करने वाली एक बात यह है कि सामाजिक कल्याण में आधार

की भूमिका को लेकर स्पष्ट तौर पर ग़लतबयानी हुई लेकिन जन-सामान्य के बीच यह बात नहीं पहुँच सकी। यह भारतीय समाज में मौजूद गहरे सामाजिक और आर्थिक विभाजन की देन है। जो लोग सामाजिक कल्याण के कार्यक्रमों के लाभार्थी हैं और समझ चुके हैं कि आधार कल्याण-कार्यक्रमों में समावेशन को सुनिश्चित नहीं कर सकता—उनका नीति-निर्माण में न तो कोई दख़ल है और न ही मीडिया में ऐसे लोगों की आवाज़ मुखर होती है। इसी कारण, कुछ प्रचलित कथा-कहानियों (इन्हें लगातार दोहराया जाता है) को सुनाकर बड़े नीतिगत फ़ैसले ले लिये जाते हैं।[3] यों कहा जाता है कि नीतियाँ साक्ष्यों के आधार पर बनाई जा रही हैं लेकिन दरहक़ीक़त नीतियों को गढ़ने में सुनी-सुनाई बातों को या फिर एक-दो क़िस्सों को आधार बना लिया जाता है। भारत समाज में जाति और वर्ग के आधार पर जो बड़ा विभाजन मौजूद है उसकी झलक आधार मामले में सुप्रीम कोर्ट के बहुमत वाले फ़ैसले में भी दिखाई देती है।

जस्टिस चन्द्रचूड़ ने धारा 7 के उद्देश्य की वैधानिकता पर सन्देह जताया और उन्होंने प्रावधानों में मौजूद 'सन्तुलन-भावना' (प्रोपोर्शनैलिटी) को लेकर तीखी बातें कहीं (इनका ज़िक्र नीचे के हिस्से में किया जा रहा है)। साथ ही, उन्होंने आधार परियोजना के कई अन्य पहलुओं की आलोचना की।

धन विधेयक के रूप में आधार परियोजना

संवैधानिक पीठ के सामने दो सवाल थे। एक तो यह कि लोकसभा के स्पीकर ने आधार बिल को धन विधेयक की श्रेणी में रखा तो इसकी न्यायिक समीक्षा हो सकती है या नहीं। दूसरा सवाल यह था कि आधार विधेयक को धन विधेयक के रूप में पेश किया जा सकता है या नहीं। सभी जजों ने कहा कि स्पीकर का आधार विधेयक को धन-विधेयक के रूप में श्रेणीबद्ध करना न्यायिक समीक्षा की माँग करता है। जस्टिस चन्द्रचूड़ का कहना था कि 'इसे न्यायिक समीक्षा से ऊपर करार देने से यह होगा कि

जहाँ बिल विधेयक अनुच्छेद 110(1) में वर्णित प्रावधानों के दायरे में न होने के बावजूद उसे धन विधेयक का दर्जा दिया गया है, उस पर कोई भी देखरेख की गुंजाइश ख़त्म हो जाएगी।' (सुप्रीम कोर्ट ऑफ़ इंडिया 2018 : 136)।

यों मामले में जजों का बहुमत आधार अधिनियम को धन विधेयक के रूप में देखने की बात पर सहमत था (विधेयक को धन विधेयक के रूप में श्रेणीबद्ध करने को जायज़ ठहराने के लिए अदालत ने एक असामान्य तरीक़ा अपनाया—विधेयक को 'पिथ एंड सब्स्टांस' यानी क्षेत्राधिकार के सिद्धान्त के आलोक में देखा गया), लेकिन जस्टिस चन्द्रचूड़ ने कहा कि पिथ एंड सब्स्टांस का सिद्धान्त इस मामले में लागू नहीं किया जा सकता।

पिथ एंड सब्स्टांस के सिद्धान्त का उपयोग मुख्य रूप से इस बात की परीक्षा के लिए किया जाता है कि संविधान ने कार्यक्षेत्र के लिए जो तीन सूचियाँ प्रदान की हैं, उनके सन्दर्भ में विधायिका क़ानून बनाने में सक्षम है या नहीं। इसे किसी ऐसे विधेयक को धन विधेयक ठहराने के लिए इस्तेमाल नहीं किया जा सकता जो अनुच्छेद 110 में वर्णित दायरे से बाहर जाकर विधान करता हो। (176)

जजों ने अपने बहुमत के स्वर में माना कि धारा 57 को निरस्त करने से आधार अधिनियम को धन-विधेयक के रूप में देखा जा सकता है लेकिन जस्टिस चन्द्रचूड़ का तर्क था कि 'धारा 7 भी अनुच्छेद 110(1)ई के दायरे में नहीं है' और 'धारा 57 तो किसी भी तर्क से अनुच्छेद 110 (1) के तहत नहीं आ सकती।' जस्टिस चन्द्रचूड़ ने इसे संवैधानिक प्रक्रिया के दुरुपयोग के रूप में चिह्नित किया और फ़ैसले में कहा कि यह एक तरीक़े से 'संविधान के साथ फ़र्ज़ीवाड़ा' है (178-79)। अदालत के बहुमत से सुनाया गया फ़ैसला दुर्भाग्यपूर्ण कहा जाएगा क्योंकि अब एक दरवाज़ा खुल गया है जिसके सहारे भविष्य में कोई भी सरकार किसी विधेयक को धन विधेयक की श्रेणी में डालकर दुरुपयोग कर सकती है। आगे के वक़्त में राज्यसभा के प्राधिकार पर चोट के लिहाज से इसके दूरगामी परिणाम हो सकते हैं।

आधार मामले में जस्टिस चन्द्रचूड़ का फ़ैसला

आधार मामले में संवैधानिक पीठ ने अपने बहुमत वाले फ़ैसले में सरकार के दावे को तथ्य मानकर स्वीकार किया, साथ ही जहाँ शंका हुई (जैसे अपवर्जन और लोक-कल्याण के सवाल पर) वहाँ भी बहुमत वाले फ़ैसले में जजों ने सरकार के आश्वासन को सही माना। लेकिन बहुमत वाले फ़ैसले के विपरीत, जस्टिस चन्द्रचूड़ ने सरकार के कई दावों को ख़ारिज किया और कहा कि सरकार ऐसे दावे को तथ्य के रूप में स्थापित करने में नाकाम रही है। उन्होंने इस दावे को मानने से इनकार कर दिया कि आधार परियोजना में बस न्यूनतम आँकड़े एकत्रित और संगृहीत किए जा रहे हैं। उन्होंने प्रोफ़ेसर मणीन्द्र अग्रवाल के 'डिफरेंशियल प्रायवेसी' केन्द्रित रिपोर्ट का हवाला देते हुए माना कि आधार के ज़रिए लोगों की प्रोफाइलिंग किए जाने का अन्देशा है। जस्टिस चन्द्रचूड़ का मत है कि आधार अधिनियम कई कसौटियों पर खरा नहीं उतरता—यह व्यक्ति की सूचनामूलक निजता की सुरक्षा के अधिकार की हिफ़ाज़त नहीं करता, अधिनियम अपनी वैधानिक बनावट के दायरे में नियमन की कोई व्यवस्था करने तथा उसे लागू करने के मामले में असफल साबित होता है, आधार अधिनियम यह भी बता पाने में नाकाम है कि बायोमैट्रिक सत्यापन की जगह कम दख़लन्दाज़ी करने वाली कोई युक्ति अपनाई जाए तो परियोजना का मकसद क्योंकर पूरा नहीं होगा, अधिनियम यह भी बता पाने में नाकाम है कि सब्सिडी की लक्षित सुपुर्दगी में सीधे-सीधे निजता के अधिकार को क्योंकर तिलांजलि दे दी जाए जबकि दोनों ही अधिकारों को संविधान की सुरक्षा हासिल है और साथ ही, अधिनियम में यह भी विचार नहीं किया गया कि अधिकारों में कम दख़लन्दाज़ी करने वाली युक्तियाँ मौजूद हैं और उनके सहारे भी परियोजना का मकसद साधा जा सकता है। आधार परियोजना के ख़िलाफ़ भविष्य में कौन सी राह अपनाई जाए, इसके संकेत जस्टिस चन्द्रचूड़ के फ़ैसले में मौजूद है।

क्या ध्वंस होकर रहेगा ?

आधार परियोजना से असहमति जताती शुरुआती तौर पर जो आवाज़ें उठी थीं उनमें इंगित किया गया था कि यह परियोजना निजता के अधिकार और नागरिक अधिकारों के लिए चुनौतीपूर्ण होने जा रही है। इन शुरुआती आवाज़ों के साथ अब विविध क्षेत्रों से उठने वाले कई अन्य स्वर आ मिले हैं। आधार के बारे में गम्भीर क़िस्म का लेखन-चिन्तन करने वाले वकील, वित्त-विशेषज्ञ, प्रौद्योगिकी के जानकार तथा अर्थशास्त्रियों ने आधार परियोजना की कई कमियों को समझने में हमारी मदद की है, बताया है कि इस परियोजना की बनावट (मिसाल के लिए दुर्बल प्रौद्योगिकी, बायोमैट्रिक्स, डाटा सुरक्षा आदि) और क्रियान्वयन (यह कि प्रक्रियाओं की हेठी हुई है) में दिक़्क़तें हैं तथा समाज के कमज़ोर तबके के लोगों के इसके गम्भीर नतीजे (नामांकन में समस्या, सामाजिक-आर्थिक हक़दारियों को हासिल करने में मुश्किल आदि) भुगत रहे हैं।

शुरुआती सालों में, मीडिया यह भ्रम फैलाने में मददगार बना कि आधार को लेकर आम सहमति कायम हो चुकी है। अगर इक्का-दुक्का मौक़े पर किसी ने आधार को लेकर आलोचना के स्वर में लिखा भी तो उसकी काट में अख़बारों ने आधार को ज़रूरी साबित करने के लिए सम्पादकीय लिखे। लेकिन अब तस्वीर बदली है। मिसाल के लिए, अंग्रेज़ी के बड़े अख़बारों में आधार को लेकर आलोचनात्मक रुख वाले सम्पादकीय अब लिखे जाने लगे हैं। शायद ऐसा पहला सम्पादकीय 2017 में लिखा गया। लेकिन अभी एक बात की कमी है और यह कमी निराशाजनक है— आधार परियोजना को लेकर बेहतर रिपोर्टिंग अब भी मीडिया में बहुत कम हो रही है, ग्रामीण इलाक़े के लोगों को इस परियोजना के कारण किन कठिनाइयों का सामना करना पड़ रहा है, यह बात मीडिया में खुलकर नहीं आ पा रही है।

इसमें अचरज की कोई बात नहीं कि मीडिया जब समस्याओं पर ज़्यादा ध्यान देता है तो उस समस्या को लेकर लोगों की राय भी बदलती हैं।[4] आधार परियोजना ने समाज के मध्यवर्ग और अभिजन तबके के लिए

साल 2016 के बाद से परेशानी खड़े करना शुरू किया। आधार को लेकर लोगों के मनोभाव बदलने में यह बात मददगार साबित हुई। दरअसल, जिन परेशानियों का सामना पहले मुख्य रूप से ग़रीब जनता को करना पड़ रहा था वही परेशानियाँ (पैन, मोबाइल नम्बर तथा बैंक खाते को आधार से जोड़ने की अनिवार्यता के बाद) समाज के मध्यवर्ग तथा उच्च मध्यंवर्ग के लोगों के सामने भी आन खड़ी हुईं। लोग अब पूछने लगे हैं कि आख़िर स्कूली बच्चों की प्रतियोगिताओं तथा बैंक से जुड़े कामकाज के लिए आधार को अनिवार्य बनाने का क्या तुक है? और, लोगों का सवाल बिलकुल उसी तेवर में है जिस तेवर में हम लोगों ने पहले लोक-कल्याण के एतबार से आधार की भूमिका पर सवाल उठाए थे।

आधार परियोजना को संयुक्त प्रगतिशील गठबन्धन की दूसरी सरकार ने (2009-14; इसे यूपीए-2 कहा जाता है) शुरू किया था। यूपीए-2 का नेतृत्व कांग्रेस पार्टी कर रही थी। अभी की एनडीए सरकार की अगुवाई कर रही भारतीय जनता पार्टी ने यूपीए-2 के शासन के समय आधार परियोजना की मुखर आलोचक थी। वर्तमन प्रधानमंत्री का एक ट्वीट बहुत प्रसिद्ध है। साल 2014 के 8 अप्रैल को अपने एक ट्वीट में वर्तमान प्रधानमंत्री ने कहा था कि आधार परियोजना में कोई 'दृष्टि नहीं है, यह सिर्फ़ राजनीतिक चालबाजी है।' भारतीय जनता पार्टी के कई प्रमुख नेताओं ने यूपीए-2 के शासन के समय आधार परियोजना पर सवाल उठाए थे।

लेकिन जैसा कि ज़ाहिर है (और, शायद होना भी यही था?), भाजपा सत्ता में आई तो नन्दन नीलेकणी के साथ प्रधानमंत्री की बस एक बैठक हुई और इतने भर से आधार को लेकर भाजपा की तमाम बातें एकदम से उलट गईं। हालात यहाँ तक बदल गए कि यूपीए-2 की सरकार की तरह एनडीए की सरकार ने भी सुप्रीम कोर्ट के उन आदेशों की एक न सुनी जिसमें अदालत ने आधार के बाबत कुछ अंकुश आयद किए थे। इसके अलावा, जैसा कि पहले ज़िक्र किया जा चुका है, साल 2014 में सत्ता में आई एनडीए सरकार ने 2016 में आधार अधिनियम को संसद में मंजूर करवाने के लिए एक विवादास्पद तरीक़ा अपनाया।

इन पंक्तियों के लिखे जाने तक किसी भी प्रमुख राजनीतिक दल ने आधार को लेकर मुख़ालफ़त का ज़ाहिर सा रुख नहीं अपनाया है। एक अपवाद तृणमूल कांग्रेस है जिसके सांसदों ने संसद के बाहर भी आधार को लेकर मुखालफत की आवाज़ बुलंद की। यों भारतीय कम्युनिस्ट पार्टी (मार्क्सवादी), आम आदमी पार्टी तथा बीजू जनता दल के नेताओं ने आधार के ख़िलाफ़ सार्वजनिक बयान ज़रूर दिए हैं लेकिन जहाँ ये दल सत्ता में हैं वहाँ इनकी सरकार सुप्रीम कोर्ट के आदेश तक की अवहेलना कर रही हैं। मिसाल के लिए, केरल में 2018 के अक्टूबर में एक प्रस्ताव आया कि आधार-केन्द्रित बायोमैट्रिक सत्यापन के ज़रिए अटेंडेंस (उपस्थिति) दर्ज करने का तरीक़ा अपनाया जाए। आधार परियोजना की जनक कांग्रेस है और इस नाते वह अभी तक तय नहीं कर पाई है कि इस परियोजना को लेकर आलोचना का रुख अपनाए या स्वीकृति का। कांग्रेस अपने बचाव में एक तर्क यह देती है कि उसने आधार परियोजना का एक कल्याणकारी संस्करण तैयार किया था लेकिन यह बात भी सच है कि जब परियोजना शुरू हुई थी तो कांग्रेस के सलाहकारों ने उसके गम्भीर निहितार्थों के बाबत पार्टी को आगाह किया था।

राजनीतिक दल सत्ता में होने पर आधार का समर्थन करते हैं और सत्ता से बाहर होने पर विरोध—इससे पता चलता है कि आधार परियोजना में सरकारों का बहुत कुछ दाँव पर लगा है। हालाँकि, राजनीतिक दलों का अपने कहे से मुकरना चुनावी राजनीति के मिज़ाज से अनुकूल नहीं बैठता। सामाजिक कल्याण की योजनाओं में आधार के कारण लोगों को बड़ी परेशानी का सामना करना पड़ रहा है तो फिर आख़िर राजनीतिक दल इस मुद्दे को उठाने में एक-दूसरे के साथ होड़ करते क्यों नहीं नज़र आ रहे? हम बस अटकल ही लगा सकते हैं कि ऐसा आख़िर हो क्यों नहीं रहा। एक कारण यह हो सकता है कि आधार के मामले में कॉरपोरेट हितों ने राजनीतिक दलों पर क़ब्ज़ा कर लिया हो और दूसरी वजह यह भी हो सकती है कि राजनीतिक दलों को पता ही न हो कि आधार के कारण लोग किस हद तक मुश्किल में फँस चुके हैं। राजनेताओं को इन मुद्दों के बारे में बताने के

लिए दो रास्ते मौजूद हैं—उन्हें अपने मतदाताओं तथा पार्टी-कार्यकर्ताओं से लोगों की परेशानियों के बारे में जानकारी मिल सकती है तथा मीडिया में आने वाली रिपोर्टों के ज़रिए भी वे मामले से आगाह हो सकते हैं। जैसा कि पहले ज़िक्र आ चुका है, आधार के कारण लोगों को किस हद तक परेशानी झेलनी पड़ रही है, यह बात मीडिया की रिपोर्टों में नहीं आ पा रही। और, अगर राजनेता आधार के कारण हो रही परेशानियों के बारे में आगाह नहीं हैं तो फिर इसका मतलब है कि वे अपने मतदाताओं और पार्टी-कार्यकर्ताओं की बात नहीं सुन पा रहे।

आधार की तकनीक के दमदार होने और इसके क्रियान्वयन के दोषरहित होने को लेकर जो बड़े-बड़े दावे किए गए वे अब धराशायी होने लगे हैं नामांकन में बड़े पैमाने पर धोखाधड़ी के कई मामले उजागर हुए हैं (सरकार ने संसद को बताया है कि नामांकन के काम में लगी 49,000 एजेंसियों को कदाचार के कारण ब्लैक लिस्ट किया गया)। चूँकि लोग अब अपने मोबाइल और बैंक खातों को आधार से लिंक करने लगे हैं तो यूजर्स एंड यानी उपयोग करने वाले के सिरे पर फ़र्ज़ीवाड़े की गुंजाइश सामने आई है। भले ही डाटा सुरक्षित हो (जैसा कि यूआईडीएआई का दावा है) लेकिन आधार-सक्षम भुगतान प्रणाली (AEPS) के कारण पहचान के साथ फ़र्ज़ीवाड़ा और यहाँ तक कि पहचान की चोरी के लिए भी रास्ते खुल गए हैं। प्रधानमंत्री मोदी के शब्दों का इस्तेमाल करते हुए कहें तो आधार-सक्षम-भुगतान प्रणाली (AEPS) का बुनियादी विचार है : 'आपका अँगूठा ही आपका बैंक है।' लेकिन उँगली की छाप की बड़ी आसानी से नकल की जा सकती है। मिसाल के लिए, हिन्दुस्तान टाइम्स में एक ख़बर छपी कि मुंबई में बायोमैट्रिक्स के ज़रिए दर्ज किए जाने वाले अटेंडेंस के साथ फ़र्ज़ीवाड़ा करने के लिए विद्यार्थियों ने बाज़ार में आसानी से उपलब्ध एक गोंद पर अपनी उँगलियों के छाप उकेरे। गौर करें कि बायोमैट्रिक्स की सामग्री (जैसे उँगलियों की छाप) और आधार नम्बर बड़ी आसानी से उपलब्ध हैं और ऐसे में बैंकिंग से जुड़े कामों में फ़र्ज़ीवाड़े की आशंका बढ़ गई है (ब्रैंडन 2010-11; कज़्मिन 2017)। वित्तीय प्रौद्योगिकी का जो

आधारभूत ढाँचा हमारे सामने शक्ल अख़्तियार कर रहा है उसमें आधार और बायोमैट्रिक्स को केन्द्रीय स्थान प्राप्त है और ऐसे में जिस डाटा लीक्स की चर्चा पहले की जा चुकी है, वह एक अहम मुद्दा बनकर सामने आता है। डाटा में चाहे सेंधमारी न हो लेकिन अभी जो आधार-सक्षम-भुगतान प्रणाली अपनाई जा रही है उसमें बग़ैर डाटा-सेंधमारी के भी पहचान की चोरी और निजता के उल्लंघन की गुंजाइश मौजूद है।

आम आदमी इन सारी बातों की क़ीमत चुका रहा है। आधार-सक्षम माहौल में जीने के लिए आपके पास डिजिटल, प्रौद्योगिकी तथा क़ानून से जुड़ी साक्षरता का होना ज़रूरी है। लेकिन जो लोग क़ायदे से अभी साक्षर भी नहीं बन पाए हैं उनके लिए ऐसे माहौल में बड़ी मुश्किल पैदा हो गई है। साल 2017 के बाद से तकरीबन 200 की तादाद में ऐसी ख़बरें आई हैं, जिनमें कहा गया है कि लोगों के आधार नम्बर का दुरूपयोग करके ठगों ने बचत की रकम उड़ा ली या उनके आधार नम्बर का तरीक़े से दुरुपयोग हुआ (उदाहरण के लिए, उनके नाम से मोबाइल लिया गया)। इस आशय की भी ख़बरें आई हैं कि बायोमैट्रिक्स-सत्यापन न होने के कारण मासिक राशन, पेंशन तथा मज़दूरी के भुगतान में लोगों को परेशानी का सामना करना पड़ रहा है।

आधार और पहचान का संकट

इस पुस्तक में मेरा प्रयास यह दिखाने का है कि आधार परियोजना को समावेशन तथा लोक-कल्याणकारी कार्यक्रमों के संचालन में मददगार बताकर पेश किया गया लेकिन परियोजना का प्रमुख उद्देश्य ऐसा क़तई न था। लोक-कल्याण की बात तो फुसलावे के लिए कही गई। इस बहाने से कुछ व्यावसायिक परियोजना के लिए रास्ता निकाला गया। इन व्यावसायिक गतिविधियों के लिए डिजिटल आईडी का वैसा ही बुनियादी ढाँचा ज़रूरी था जैसा कि आधार परियोजना ने मुहैया कराया है। सो, व्यावसायिक गतिविधियों के लिए जनता के पैसे से आधारभूत ढाँचा खड़ा किया गया।

नामांकन-प्रक्रिया को तेज़ गति से बढ़ाने के लिए आधार परियोजना के ऊपर लोक-कल्याण का मुखौटा चढ़ाया गया और निजता के अधिकार में दख़लन्दाज़ी की बात के ज़ोर पकड़ने पर कहीं परियोजना रोकनी न पड़े—इस आशंका के मद्देनज़र निजता के अधिकार की बात को दबाए रखा गया।

आधार से जुड़े पूरे प्रौद्योगिक-परिवेश (ईको-सिस्टम) को खड़ा करने में सामाजिक क्षेत्र के किसी भी नीति-निर्माता को शामिल नहीं किया गया। इससे संकेत मिलता है कि इस परियोजना का प्रमुख उद्देश्य लोक-कल्याण का नहीं था। यूआईडीएआई में टेक्नोलॉजिस्ट्स (प्रौद्योगिकीविद्) का दबदबा था और ये लोग अब सरकार का दिया पद छोड़कर अपना निज का व्यवसाय शुरू कर रहे हैं जिसमें आधार-प्रदत्त प्रौद्योगिकी-परिवेश (ईको-सिस्टम) का उपयोग किया जाएगा। इन व्यावसायिक हितों तथा हितों के संघर्ष (कॉनफ्लिक्ट ऑफ़ इंट्रेस्ट) के बारे में अब जाकर विद्वानों ने लिखना-पढ़ना शुरू किया है। मिसाल के लिए, कृष्ण कौशिक (2017) ने अपने लेख में बताया है कि जिन लोगों ने आधार का बुनियादी ढाँचा बतौर 'स्वयंसेवक' खड़ा किया था वे ही लोग आधार के मंच का उपयोग अपना व्यवसाय खड़ा करने में कर रहे हैं।

आधार परियोजना को लेकर आई एक शुरुआती रिपोर्ट में कहा गया था कि 2010-15 के बीच इस परियोजना के कारण 20 अरब डॉलर के व्यावसायिक अवसर पैदा होंगे और 3,50,000 की तादाद में नए रोज़गार का सृजन होगा। यह भी बताया गया था कि किन क्षेत्रों (कंसल्टिंग, बिजनेस प्रॉसेस रीइंजीनियरिंग आदि) में व्यवसाय तथा रोज़गार के अवसर पैदा होंगे। रिपोर्ट के मुताबिक 'छठे साल से व्यावसायिक अवसर सालाना 10 अरब डॉलर तक जा पहुँचेंगे' (सीएलएसए एशिया-पैसेफिक मार्केट्स 2010)। इसी कारण, आधार मामले की अन्तिम सुनवाई के वक़्त आधार परियोजना का इस्तेमाल कर रहे कुछ व्यावसायिक हितों ने सुप्रीम कोर्ट में हस्तक्षेप किया और तर्क रखा कि उनके लिए आधार के प्रौद्योगिकी-परिवेश का इस्तेमाल करना बहुत ज़रूरी है और आधार को अवैध करार

देने से 'अपूरणीय तथा गम्भीर नुकसान' होगा।

आधार परियोजना के बायोमैट्रिक इतिहास विषयक अय्यर के अध्ययन (2017) में सम्भवत: कहानी सबसे ज़्यादा उभरकर सामने आती है। शुरुआती प्रेरणा बनी 'नो योर कस्टमर' (केवाईसी) की प्रक्रिया। उल्लेखनीय है कि अय्यर की पुस्तक के चौथे अध्याय का नाम है 'पुश फॉर द पुल' और लोक-कल्याण के कार्यक्रमों में आधार के उपयोग का मसला इसी अध्याय में आता है। अय्यर ने बताया है कि कैसे परियोजना के दायरे में ज़्यादा से ज़्यादा लोगों को खींच लाने के लिए उनके सामने मजबूरी की स्थिति पैदा करने की ज़रूरत को शुरुआती तौर पर ही पहचान लिया गया था। लेखक के मुताबिक, सरकार के अन्य कार्यक्रमों के विपरीत, जो ज़रूरत और माँग की कसौटी पर अभी वांछित स्तर तक नहीं पहुँचे हैं, यहाँ लोगों की कतार लगाने और इसके लिए उन्हें रज़ामन्द करने की कोई व्यवस्था खड़ी करना ज़रूरी नहीं। लेकिन आधार के लिए 'लोगों को कतार में लगाने की कोई जाहिर सी वजह नहीं थी' (81-83)। अदालत में तर्क भले ही यह दिया गया था कि समाज कल्याण के कार्यक्रमों के बेहतर संचालन के लिए आधार ज़रूरी है लेकिन इसकी असली वजह थी आधार-पंजीकरण की गति को तेज़ करना।

आधार की माँग पैदा करने के लिए एक अवेयरनेस एंड कम्युनिकेशन स्ट्रैटेजी एडवायजरी काउंसिल बनाई गई। इस एडवायजरी काउंसिल (परामर्श परिषद्) में मुख्य रूप से मार्केटिंग गुरुओं को रखा गया। परिषद् ने देश को तीन हिस्सों में बाँटकर देखा। इसमें पहला हिस्सा था—इंडिया । यानी भारत का शहरी अंचल जहाँ लोग पूछ सकते थे कि 'आख़िर हम एक और पहचान-पत्र बनवाने के लिए कतार में क्यों लगें।' दूसरा हिस्सा था इंडिया । यानी छोटे शहरों और क़स्बों में रहने वाले लोग; इंडिया, जो जीवन-यापन के लिए मुख्य रूप से सरकार पर निर्भर हैं। तीसरे हिस्से यानी 'इंडिया से एक अहम सबक यह सीखने को मिला कि विशिष्ट पहचान-पत्र के लिए यहाँ भले ही माँग पैदा न हो लेकिन यहाँ से आर्थिक सम्पदा पहुँचाने की माँग पुरज़ोर है।' (अय्यर 2017 : 84)। यह बात भी समझ में आई कि

आधार-पंजीकरण को बढ़ावा देने के लिए सिर्फ़ बेहतर संवाद-युक्तियों पर निर्भर रहना ठीक नहीं, आधार को उपयोगी बनाना और सार्वजनिक सेवाओं की सुपुर्दगी तथा सार्वजनिक व्यय के विमर्श के केन्द्र में 'विशिष्ट पहचान' तथा 'आधार' को केन्द्रीय बनाना ज़रूरी है...इसके लिए 'सरकार में हर स्तर पर नीति-निर्माण को माध्यम बनाया गया' (अय्यर 2017 : 87)।[5]

आधार को लेकर भारत में जारी बहस अन्तरराष्ट्रीय परिप्रेक्ष्य में भी महत्त्वपूर्ण है। प्रौद्योगिकी के नित नवीन परिवर्तनों से पैदा होते व्यावसायिक अवसरों की वृद्धि के लिए डिजिटल आईडी ज़रूरी है। आधार सरीखे डिजिटल आईडी को लेकर उमड़ता आशावाद डाटा-माइनिंग की तकनीक में हो रहे सुधारों के बीच उभार लेती बिग डाटा की सम्भावनाओं की देन है।

डिजिटल प्रौद्योगिकी नुकसान पहुँचा सकती है—इस आशंका के शुरुआती संकेत डेनियल सोलोव की किताब (2004) द डिजिटल पर्सन में दिखाई दिए थे। 'कंप्यूटरीकृत निजी रिकॉर्ड-संग्रह के सिस्टम नीति ख़ुफ़िया एजेंसियों तथा नीति-निर्माण की एजेंसियों के हाथ में आ जाएँ तो इससे निश्चित ही राज्यसत्ता के निगरानी-क्षमता का विस्तार होगा' (सोलोव की पुस्तक (2004) की पृष्ठ संख्या 31 पर कंप्यूटर वैज्ञानिक ऐबे मावशोवित्ज को यह कहते हुए उद्धृत किया गया है)। सोलोव का तर्क है कि बिग ब्रदर का रूपक भले ही डाटाबेस से जुड़ी बहुत सारी चिन्ताओं का इज़हार करता हो लेकिन यह रूपक वस्तुस्थिति के बयान के लिहाज से अपर्याप्त है। डाटा को चाहे ग़लत मकसद से एकत्रित न किया गया हो लेकिन डाटा-संग्रह के 'अनचाहे सामाजिक दुष्प्रभाव हो सकते हैं', जिसमें सेल्फ-सेंसरशिप (स्वगत-प्रतिबन्ध) शामिल है (35)। सोलोव का कहना है कि 'काफ्का का 'ट्रायल' डाटाबेस के ज़रिए पैदा हुए शक्ति-समीकरण के दायरे, स्वभाव तथा प्रभाव को पकड़ने में कहीं ज़्यादा सक्षम है' (37) क्योंकि यह उस 'बेचारगी, निराशा तथा कमज़ोरी को पकड़ने में सक्षम है जो किसी व्यक्ति के जीवन के तमामतर ब्यौरों पर नौकरशाही के एक व्यापक संगठन के नियंत्रण' से उपजती है। (38)। सोलोव का कहना है

कि नौकरशाही तो निजी संगठनों में भी मौजूद है (सोचिए जब कभी आपने इंश्योरेंस का दावा किया हो तो किस तरह दौड़ाया जाता है) और समस्या तब पैदा होती है जब किसी व्यक्ति की निजता से जुड़ी जानकारी को नौकरशाही की प्रक्रिया के अधीन कर दिया जाता है, साथ ही इस प्रक्रिया पर कोई युक्तिसंगत नियंत्रण नहीं रह जाता। ऐसे में व्यक्ति की निजी जानकारी के सहारे जो फ़ैसले लिये जाते हैं उसमें उस व्यक्ति की कोई सार्थक भागीदारी नहीं रह जाती (39)। 'बिग ब्रदर' तो निगरानी के ज़रिए अपनी ताक़त का इज़हार करता है लेकिन 'ट्रायल' हमें बताता है कि शक्ति-समीकरण का असन्तुलन व्यक्ति के लिए नुकसानदेह हो सकता है—चाहे नौकरशाही इस बाबत जो भी दावे करे (मिसाल के लिए, नौकरशाही कह सकती है कि उसका उद्‌देश्य बड़ा पावन है)। शक्ति-समीकरण का असन्तुलन लोगों को निस्सहाय बनाता है, कमज़ोर करता है और लोगों को मजबूरी की इस स्थिति में लाने के लिए यहाँ न तो कोई ख़ुराफ़ाती मकसद पालने की ज़रूरत पड़ती है और न ही दबदबा कायम करने की कोई गुप्त योजना बनाने की (सोलोव 2004, 41)।

इसका एक उदाहरण साल 2018 की शुरुआत में देखने को मिला। जब कैनेडियन व्हिसलब्लोअर क्रिस्टोफर वायली ने खुलासा किया था कि फ़ेसबुक और केम्ब्रिज एनालिटिका किस तरह हमारे व्यक्तिगत डाटा का दोहन कर रहे हैं। इस प्रकरण से साफ़ हो गया कि एक बार हमारा डिजिटल फुटप्रिंट बन गया तो फिर इसके दुरुपयोग को रोक पाने पर हमारा कोई नियंत्रण नहीं रह जाता। इसकी एक वजह तो यह हो सकती है कि डिजिटल प्लेटफार्म हमारी ग़ैरजानकारी में हमसे सहमति हासिल कर लेता है या फिर जहाँ प्रत्यक्ष रूप से हमारी सहमति माँगी जाती है वहाँ भी इसके आशय हम पूरी तरह से नहीं समझ पाते। अगर सहमति देने के आशय को हम पूरी तरह से समझते हों तब भी यह ख़तरा बना रहता है कि कहीं दी गई सहमति का दुरुपयोग न हो। क्रिस्टोफर वायली के प्रकरण से डाटा माइनिंग, मशीन लर्निंग तथा आर्टिफिशियल इंटेलीजेंस सरीखी नई प्रौद्योगिकियों के हानिकारक पहलू उजागर हुए हैं।

हमें ध्यान रखना होगा कि बिग डाटा का हौवा उद्योग-जगत ने खड़ा किया है। किशिन ने अपने एक महत्त्वपूर्ण आलोचनात्मक अध्ययन (2014) में बताया है कि बिग डाटा के पीछे व्यवसाय-हितों का ज़ोर है क्योंकि व्यवसाय जगत डाटा-विश्लेषण के ज़रिए नए उत्पादों, बाजार तथा अवसरों की पहचान में लगा है, उसका मकसद ज्ञान का विस्तार करना कतई नहीं।[6] इसका एक महत्त्वपूर्ण साक्ष्य देती है कैथी ओ'नील की किताब—'वेपन ऑफ़ मैथ डिस्ट्रक्शन'। कैथी उद्योग-जगत से हैं। कैथी के मुताबिक, इरादे चाहे जितने भी नेक हों लेकिन अल्गोरिद्म से चीज़ों को आँकने में चूक हो सकती है लेकिन अल्गोरिद्म का अपारदर्शी होना उसे ताक़तवर बनाता है (ओ'नील, 2016)। दोषपूर्ण साक्ष्यों के आधार पर बनी हुई मान्यताएँ अल्गोरिद्म के काम करने का व्याकरण बनकर दर्ज हो सकती हैं। ऐसे अल्गोरिद्म संदिग्ध तो हैं ही, उनके द्वारा प्रोसेस किया हुया डाटा में भी ख़राबी हो सकती है। 'आप मशीन में कूड़ा भरते जाते हैं और मशीन आपको बदले में कूड़ा ही परोसती है'—यह बात ओ'नील की किताब में बार-बार आती है। कैथी ओ'नील ने यह भी बताया है कि अल्गोरिद्म और उसके डाटा का उपयोग जानते-बूझते बदनीयती से किया जा सकता है।

प्रौद्योगिकी की रचनात्मक शक्ति का उपयोग समाज की ज़रूरतों के अधीन हो—आधार परियोजना इस सोच का विलोम है। हम देख रहे हैं कि आधार परियोजना में समाज को कॉरपोरेशन तथा सरकार के नियंत्रण में मौजूद प्रौद्योगिकी की ज़रूरतों के हिसाब से, ज़बर्दस्ती, ढाला जा रहा है और यही आधार से सबसे बड़ा ख़तरा है।

टिप्पणियाँ

1. मामले में आए अन्तिम फ़ैसले की बातों को रखने के लिए कुछ अध्यायों को अद्यतन बनाया गया है।
2. सत्यापन के उद्देश्य को स्पष्ट करता क़ानून बनाने की गुंजाइश जस्टिस सीकरी के फ़ैसले में मौजूद है लेकिन उक्त फ़ैसले में यह भी कहा गया है कि ऐसा क़ानून न्यायिक समीक्षा के दायरे में आएगा।

3. मिसाल के लिए, नीलेकणी (2009) ने लिखा है—'एक विद्वान ने मुझसे कहा, ''कर्नाटक में अभी जितने बीपीएल कार्ड इस्तेमाल में हैं उनकी संख्या प्रदेश में मौजूद बीपीएल (ग़रीबी रेखा से नीचे) परिवारों से ही नहीं बल्कि सूबे की पूरी जनसंख्या से भी ज़्यादा है।'' (368)। दरअसल, 2011 के दिसम्बर माह तक के आधिकारिक आँकड़े बताते हैं कि साल 2000 में कर्नाटक की अनुमानित आबादी 520 लाख थी और वहाँ प्रचलित बीपीएल कार्ड की संख्या 87.5 लाख थी। राशनकार्ड की तादाद 148 लाख थी। लेकिन नीलेकणी के कथन को लोगों के बीच तवज्जो मिली।
4. निजी तौर पर कहूँ तो लोगों की बदलती मनोभावना का एक संकेत है कि अब मुझे अभद्र ईमेल और टिप्पणी न भेजकर पाठक फ़ोन पर ईमेल के मार्फत यह कहने लगे हैं मेरा लेखन उतना आलोचनात्मक नहीं है जितना कि होना चाहिए और समस्या के बारे में मैंने जो कुछ लिखा है वह अधूरा है।
5. अय्यर ने इस्तेमाल की गई कई युक्तियों का हवाला दिया है—जिसमें प्रमुख राजनीतिक भाषणों में 'आधार' को ज़रूरी बताने से लेकर सरकार की समितियों में 'आधार' को ज़रूरी बताकर दाख़िल करवाना शामिल है। (91)।
6. किशिन की किताब में व्यवसाय जगत को अकादमिक जगत के बरअक्स रखकर चर्चा की गई है। बहरहाल, आधार परियोजना के मौजूदा स्वरूप के साथ एक बड़ा खतरा तो यह है कि एक तरफ़ कॉरपोरेशन तथा सरकार इसके सहारे अपनी शक्ति बढ़ाना चाह रहे हैं तो दूसरी तरफ़ आम जन की सामाजिक और राजनीतिक महत्त्वाकांक्षाएँ भी उभार ले रही हैं।

सन्दर्भ

अय्यर शंक्कर, 2017, आधार : ए बायोमैट्रिक हिस्ट्री ऑफ़ इंडिया'ज़ 12-डिजिट रिवोल्यूशन चेन्नई : वेस्टलैंड पब्लिकेशंस।

ब्रैंडन, रसेल, 2016, 'योर फोन्स बिगेस्ट वल्नरेबिलिटी इज योर फिंगरप्रिंट'। द वर्ज, 2 मई।

सीएलएसए एशिया-पैसेफिक मार्केट्स, 2010।'ह्वाट्स इन ए नम्बर ? इंटेगर, आइडेंटिटी, इन्क्लूजन', स्पेशल इंडिया रिपोर्ट, मई।

कौशिक, कृष्ण, 2017, 'आधार ऑफ़िशियल पार्ट ऑफ़ प्राइवेट फर्म्स दैट यूज आधार सर्विसेज़ फॉर प्रॉफिट', इंडियन एक्सप्रेस, 5 अक्टूबर।

काजमिन, एमी, 2017, 'इंडिया'ज़ बायोमैट्रिक आइजी स्कैन मेक साइ-फाइ ए रियल्टी'। फाइनेंशियल टाइम्स, 27 फरवरी।

किशिन, रॉब, 2014, 'बिग डाटा, न्यू एपिस्टिमॉलॉजिज एंड पैराडाइम शिफ्ट्स', बिग डाटा एंड सोसायटी 1 (1), अप्रैल-जून, पृ. 1-12

नीलेकणी, नन्दन, 2009, इमेजिंग इंडिया : आइडियाज़ फॉर द न्यू सेंचुरी, नई दिल्ली : पेंग्विन।

ओ'नील, कैथी, 2016, वेपन ऑफ़ मैथ डिस्ट्रक्शन : हाऊ बिग डाटा इंक्रिजेज इनिक्वालिटी एंड थ्रेटेन्स डेमोक्रेसी। न्यूयार्क : क्राउन।

सोलोव, डेनियल, 2004, द डिजिटल पर्सन : टेक्नोलॉजी एंड प्राइवेसी इन द इन्फॉरमेशन एज, न्यूयार्क : एनवाईयू प्रेस।

सुप्रीम कोर्ट ऑफ़ इंडिया, 2017, जस्टिस पुट्टस्वामी (रिटा.) एंड एएनआर वर्सेस यूनियन ऑफ़ इंडिया एंड अदर्स, रिटपिटिशन (सिविल) नम्बर 494 ऑफ़ 2012, 24 अगस्त।

सुप्रीम कोर्ट ऑफ़ इंडिया, 2018, जस्टिस पुट्टस्वामी (रिटा.) एंड एएनआर वर्सेस यूनियन ऑफ़ इंडिया एंड अदर्स, रिट पिटिशन (सिविल) नम्बर 494 ऑफ़ 2012 एंड कनेक्टेड मैटर्स, 26 सितम्बर।

स्वीकृति

कुछ सालों से आधार पर देश भर में चर्चा चल रही है। इस चर्चा में मेरा शामिल होना एक तरह से एक इत्तेफ़ाक़ है। आधार परियोजना में काम करने वाले तीन लोग 2010 में मुझे मिलने आए। उन्होंने मुझे 'समझाने' की कोशिश की कि आधार कल्याणकारी योजनाओं में फायदेमन्द होगा। लेकिन उनसे बात करने पर मुझे समझ आने लगी कि उनकी समझ में कमी थी। आधार की समर्थक बनाने के बजाय मैं आधार की आलोचक बन गई। समाज कल्याण के अलावा, आधार के विभिन्न पहलुओं—खास कर निजता और संविधान, पर समझ को परिपक्व बनाने में श्याम दिवान, ज्याँ द्रेज़ और उषा रामनाथन का महत्त्वपूर्ण योगदान रहा है।

इस किताब में शामिल भूमिका और पुनश्च अंग्रेजी में, ओरिएंट ब्लैक स्वान द्वारा छपी, 'डिस्सेंट ऑन आधार बिग डाटा मीट्स बिग ब्रदर' से अनुवाद करके उनकी अनुमति से यहाँ छापे गए हैं। किताब के दो महत्त्वपूर्ण अध्यायों—भूमिका और पुनश्च—के सुन्दर अनुवाद के लिए मैं चन्दन श्रीवास्तव का धन्यवाद करती हूँ—इस किताब के अनुवाद के लिए राशि उपलब्ध करवाने के लिए इंडियन इंस्टिट्यूट ऑफ़ मैनेजमेंट, अहमदाबाद को आभार। अंशिका जैन इस पूरी किताब की तैयारी के दौरान एक बेहतरीन शोध सहायिका बनी रही।

इसमें छपे कुछ लेख पहले अमर उजाला, प्रभात खबर, नवभारत, बीबीसी हिन्दी ऑनलाइन और द वायर हिन्दी ऑनलाइन में छपे थे। इनके

सम्पादकों को आभार कि उन्होंने इन लेखों को इस किताब में शामिल करने के लिए अनुमति दी। जिन पाठकों ने लेख पढ़कर, पत्र लिखकर या फ़ोन करके हौसलाअफ़ज़ाई की, अपने ख़ुद के अनुभव साझा किये उनको भी आभार, जिन विद्यार्थियों ने गाँव में घूमकर हमारे साथ आधार से प्रभावित लोगों का सर्वे किया उनके बिना भी आधार के प्रभाव को पूरी तरह से समझना मुश्किल होता।